Magia nórdica para principiantes

La guía definitiva para la adivinación nórdica, la lectura de las runas del futhark antiguo y los hechizos

Índice

Introducción

¿Le gusta la mitología? Un tema que puede resultarte interesante es la mitología nórdica, particularmente sus antiguas creencias y las prácticas mágicas utilizadas en la brujería nórdica. Si tiene un gran interés en aprender esta magia, recuerde que primero necesita una base sólida de los principios y creencias nórdicas. Debe construir su conocimiento sobre tales principios y creencias para aplicarlos al practicar la magia nórdica.

Pocas culturas pueden compararse con la complejidad y el misterio que rodea a los nórdicos. Su mitología es tan vasta y a la vez tan vaga. Es este factor desconocido, el misterio, el que hace que la gente quiera aprender más sobre ella. De todos los temas que abordan a los antiguos nórdicos, sus prácticas mágicas y de adivinación se encuentran entre los más interesantes.

La mayoría de la gente conoció a los antiguos nórdicos a través de las mitologías que rodeaban a los dioses asgardianos que adoraban. Todo ello gracias a que se les ha dado un enfoque generalizado en la televisión, el cine, los cómics y los videojuegos, pero la magia nórdica implica algo más que eso.

Y en este libro lo encontrara, Magia nórdica para principiantes: La guía definitiva para la adivinación nórdica, la lectura de las runas futhark y los hechizos. Este libro le servirá como fuente de información definitiva sobre la magia nórdica. Si usted es un principiante, este libro es lo que ha estado buscando. Es fácil de entender y contiene información actualizada sobre la mitología nórdica y la magia.

Incluso los términos más complejos se explican de forma sencilla, por lo que aquellos que no tienen ni idea de lo que es la magia nórdica pueden comprender fácilmente su significado. Este libro le enseñará sobre las prácticas sobrenaturales que los antiguos nórdicos solían practicar, como la adivinación, el uso de las runas, y cómo lanzar una variedad de hechizos. Este libro está escrito para que todo el proceso de aprendizaje sea más divertido y emocionante.

Espero que este libro calme su curiosidad por los nórdicos y sus misteriosas prácticas religiosas. También espero que le inspire a seguir investigando sobre el pueblo nórdico y su colorida historia.

Capítulo 1: Tras las huellas de los vikingos

Cada vez que escucha la palabra "nórdico", los vikingos pueden ser el primer pueblo que venga a su mente. Antes de que los colonizadores europeos les obligaran a practicar el cristianismo, los vikingos y otras tribus escandinavas tenían su propia cultura y religión pagana. Afortunadamente, algunos textos y prácticas antiguas sobrevivieron a la purga de los colonizadores, y la gente los está redescubriendo hoy.

La religión nórdica, también llamada germánica, es politeísta. Esto significa que el pueblo creía en muchos dioses y diosas, y que cada uno de ellos tenía diferentes áreas de competencia. Hay dioses/diosas del amor, de la agricultura, de la guerra y de muchos otros aspectos. En aquella época, a quién se adoraba dependía en gran medida de la vocación o de la comunidad a la que se pertenecía.

La creación del mundo

Según las creencias paganas nórdicas (germánicas antiguas), los dioses y todos los seres que están en los Nueve Mundos se originaron a partir de un ser singular, que es el gigante conocido como Ymir, también llamado Aurgelmir, Brimir o Blainn. Las leyendas dicen que

Ymir nació de la gota de agua que se formó cuando el hielo de Niflheim se encontró con el calor de Muspelheim.

Gracias a su cuerpo hermafrodita, Ymir dio a luz a la primera generación de los primeros dioses, diosas y otras criaturas míticas que luego darían a luz a las generaciones sucesivas.

Entre los dioses más jóvenes que procedían de Ymir estaban los hermanos Ve, Vili y Odín. Precisamente en sus manos murió el gran gigante. Estos tres dioses nórdicos crearon entonces la Tierra, a la que llamaron Midgard. Es el reino que sirve de puente entre la tierra de los dioses conocida como Asgard y la tierra de los muertos, que es Hel.

El panteón de los dioses nórdicos

Los dioses nórdicos se clasifican en tres categorías:

- **Los aesir** – Son los dioses de las tribus o clanes. Representan la realeza, la artesanía y el orden, entre otras muchas cosas, y Odín y Thor son dos de los dioses de esta clasificación. Estos dioses germánicos son residentes del reino conocido como Asgard.

- **Los vanir** – Son los dioses de la Tierra y de las fuerzas de la naturaleza que también son deidades de la fertilidad. Entre ellos están Freyr y Freya.

- **Los jotun** – Son los gigantes que ocupan los reinos de Jotunheim y Muspelheim. Estos seres están en constante guerra con los asgardianos, por lo que representan el caos y la destrucción.

La mayoría de la gente adora intensamente a cuatro de las deidades y criaturas míticas que pueblan los nueve reinos. Estás son:

- **Odín** – También conocido como Woden, Odín es el padre de todo, el gobernante de todos los aesir y vanir. Es el más venerado, pero también el más misterioso de todos los dioses nórdicos. La mayoría de la gente lo retrata como un vagabundo demacrado, que busca incansablemente el conocimiento a pesar de gobernar todo Asgard.

Sin embargo, no se deje engañar por la representación siempre benévola de Odín en los medios de comunicación, ya que no es perfecto. También tiene un lado siniestro. Odín es representado como la personificación del frenesí de la batalla. Ha provocado innumerables guerras.

• **Thor** – Sin duda, Thor es el más conocido de todos los dioses nórdicos germánicos, y la mayor parte de su fama proviene de los cómics, dibujos animados y películas modernas, pero el Thor de hoy en día no se parece a su homólogo de la mitología nórdica. Aparte de ser rudo y de blandir el martillo mágico Mjolnir, los parecidos terminan ahí.

El Thor actual es un pelirrojo de ojos rojos que monta un carro tirado por dos cabras gigantes. Además de ser el defensor de Asgard y el dios del cielo y el trueno, Thor es también el dios de la agricultura, la fertilidad y la consagración.

• **Freyr** – Probablemente uno de los dioses nórdicos más queridos junto con su hermana gemela Freya, Freyr tiene un origen único. A diferencia de la mayoría de los demás dioses germánicos, Freyr procede de la tribu de los vanir.

Los nórdicos lo representaban como un hombre grande y musculoso con una larga cabellera, y lo aclamaban como el dios más importante de la fertilidad, la agricultura, las cosechas, la riqueza, la paz y la virilidad sexual. Como los antiguos nórdicos dependían en gran medida de la agricultura, muchos adoran a Freyr con la esperanza de tener siempre una cosecha abundante.

• **Freya/Freyja** – Es la hermana gemela de Freyr y la diosa nórdica de la belleza y el amor. También es famosa por ser la diosa de la suerte y el destino. Ella y su hermano gemelo Freyr se convirtieron en miembros honoríficos de los aesir tras la guerra tribal entre ellos y los vanir. Según la religión nórdica, Freya podía manipular el destino de las personas.

Prácticas religiosas

Los antiguos pueblos que practicaban la religión pagana germánica solían celebrar sus rituales en cuerpos de agua o cerca de ellos, como lagos, ciénagas y pantanos. Creían que esos lugares eran sagrados y podían permitir a los mortales entrar en contacto con lo divino. Por eso los arqueólogos encuentran numerosas figuras de madera que representan a personas con rasgos sexuales muy marcados, lo que sugiere que eran ofrendas a los dioses paganos nórdicos de la fertilidad.

Los sacrificios eran elementos fundamentales de la religión nórdica/germánica. Los antiguos creían que destruir o enviar los sacrificios a un lugar al que los humanos no pudieran acceder era una forma segura de que llegaran a sus deidades. La quema ritual o el lanzamiento de los objetos de sacrificio a los lagos se hizo frecuente. Estos rituales también solían ir acompañados de fiestas, en las que se comía y bebía abundantemente.

A menudo se utilizaban figurillas de madera tallada para los sacrificios, pero también había ocasiones en las que se ofrecía a los dioses a las personas cargándolas con piedras y arrojándolas a pantanos cenagosos. La mayoría de las veces, las víctimas eran supuestamente brujas que traían la desgracia a su comunidad. Las ciénagas de turba eran el tipo de altar de sacrificio preferido porque el cuerpo no se disolvía y era enviado al otro mundo. En cambio, se conservaba para siempre en un estado intermedio entre nuestro mundo y el otro.

En otras ocasiones, los nórdicos ofrecían sus amadas armas a sus dioses. Curiosamente, no se encuentran restos humanos en los lugares donde se ofrecen las armas a los dioses. A menudo, las armas utilizadas para el sacrificio procedían de los enemigos muertos del pueblo nórdico, y estas solían enviarse a Odín.

Religión y prácticas germánicas/nórdicas modernas

Si piensa que la religión nórdica ha desaparecido hace tiempo, se sorprenderá al saber que sigue existiendo hasta hoy. Todavía se pueden encontrar muchos grupos de personas en todo el mundo, pero principalmente concentrados en Europa y en las islas escandinavas, que practican una forma moderna de la religión pagana. Llaman irónicamente a esta práctica paganismo nórdico.

El término pagano, que se refiere a los que practican la religión pagana, solía ser despectivo, y todavía lo es. Se refiere a las sociedades incivilizadas que no se han convertido al cristianismo. El paganismo nórdico es ahora una forma de un nuevo movimiento religioso que pretende reconstruir los sistemas de creencias precristianos de las tribus nórdicas/germánicas y aplicarlos a los tiempos modernos. Los practicantes de la religión pagana tratan de revivir los antiguos sistemas de creencias utilizando cualquier material histórico que puedan reunir.

Al igual que la antigua religión germánica, el paganismo nórdico no ha aceptado unánimemente la teología. La forma actual del paganismo nórdico es politeísta, al igual que la antigua religión pagana. También cuenta con un panteón de dioses y diosas, los mismos que adoraban las primeras tribus germánicas.

A diferencia del cristianismo, los dioses y diosas del paganismo no son perfectos, omnipotentes y omnipresentes. Piensan que tienen sus propios puntos fuertes y débiles. Creen que sus dioses morirán un día como le ocurrió a Baldr en la mitología nórdica.

¿Qué es ásatrú?

Hablando de la religión nórdica moderna, es importante saber qué es ásatrú. Ásatrú se refiere al término moderno utilizado para definir el acto de adorar a los dioses nórdicos, que practicaban los antiguos creyentes hace miles de años. Este concepto no se centra solo en los dioses. También pretende rendir culto a los ancestros y a los gigantes. El término es relativamente moderno y solo obtuvo reconocimiento durante el siglo XIX.

El ásatrú se divide en familias. Estos se refieren a grupos de culto locales. También llamados stead o garth, los clanes pueden estar afiliados o no a una organización nacional. También están formados por hogares, individuos o familias. Los miembros de los clanes tienden a estar emparentados por matrimonio o por sangre.

Ásatrú, como la versión moderna de la religión nórdica, también se basa en nueve importantes virtudes. Compuesto por normas éticas y morales derivadas de varias fuentes literarias e históricas, ásatrú funciona en base a estas nueve nobles virtudes que también forman una gran parte del paganismo nórdico:

- **Coraje** – Abarca tanto el coraje moral como el físico. La valentía que se menciona aquí es la capacidad de defender sus creencias, especialmente en términos de lo que es justo y correcto. Esto significa que tiene su propia personalidad y que no se deja influenciar fácilmente por la opinión popular.

- **Verdad** – Esta virtud abarca diferentes tipos de verdad, incluida la verdad real y la espiritual. Es una virtud poderosa, que sirve para recordar a todo el mundo la importancia de decir la verdad en lugar de hablar basándose en lo que los demás quieren oír.

- **Honor** – Abarca su brújula moral y su reputación. Esta virtud le hace recordar lo importante que es ser consciente de sus palabras, su reputación y sus actos, ya que todo ello puede sobrevivir a su cuerpo humano. Esto significa que la gente recordará la forma en que viva su vida durante mucho tiempo.

- **Fidelidad** – Esta virtud es otra de las que la gente recordará. Se trata de ser fiel no solo a los dioses que se conocen, sino también a los parientes, a la comunidad y al cónyuge. También gira en torno a la lealtad. Esto significa que defraudar a un amigo, a los dioses o a un miembro de la familia significa también dar la espalda a toda la comunidad y a sus creencias y principios.

- **Disciplina** – Esta noble virtud consiste en mantener su honor y sus otras virtudes de buena gana. Tenga en cuenta que, para ser justo y ético, necesita construir cierta disciplina, una fuerte disciplina mental, para ser exactos. En este caso, su voluntad también es importante, ya que es su elección defender las virtudes en las que cree.

- **Hospitalidad** – La virtud de la hospitalidad no es solo el acto de aceptar a los invitados con los brazos abiertos. También es la forma de tratar a los demás. Debe tratar a las personas de su entorno con respeto y estar dispuesto a formar parte de su comunidad.

- **Laboriosidad** – Esta virtud significa lo importante que es trabajar duro para alcanzar sus objetivos. Requiere que ponga en práctica el trabajo duro en todas las cosas que se proponga hacer, ya que se lo debe no solo a usted mismo, sino también a los dioses, a su familia y a su comunidad.

- **Autosuficiencia** – Esta es la octava virtud noble que debe desarrollar para practicar ásatrú. Se trata de su capacidad para cuidar de sí mismo y mantener una relación fuerte con la deidad. Tenga en cuenta que, aunque honrar a los dioses es extremadamente importante, no debe olvidar dar a su mente y a su cuerpo el cuidado que necesitan. En ásatrú, es necesario buscar el equilibrio entre hacer por uno mismo y hacer por los demás.

- **Perseverancia** - Por último, está esta noble virtud llamada perseverancia. Aquí, tendrá que seguir adelante a pesar de todos los obstáculos que se interpongan en su camino. Si usted construye esta virtud vital, entonces será capaz de levantarse incluso si se enfrenta a la derrota. Su perseverancia también le permitirá aprender y lograr el crecimiento, incluso si ha cometido errores y tomado malas decisiones en el camino.

Todas estas virtudes se encuentran entre las practicas de la mayoría de los creyentes nórdicos modernos.

Prácticas de la religión pagana nórdica

La religión pagana nórdica celebra dos ritos principales llamados blót y symbel (pronunciado como sumble). Los practicantes del paganismo nórdico a menudo celebrarían fiestas basadas en torno a estos dos ritos principales, como ritos de paso, ritos que honran a un dios o dioses particulares, y muchas otras formas de celebración.

Originalmente, un blót incluiría el sacrificio ritual de uno o más animales para ganar el favor de uno o más dioses u honrar a sus antepasados. Tras el sacrificio ritual, se celebraba un banquete que permitía a los participantes en el rito participar con la carne del animal sacrificado. Normalmente, se celebra un blót si el pueblo desea un propósito concreto, como la paz, el buen tiempo, las cosechas abundantes o la victoria.

Un blót moderno ya no incluye el sacrificio de un animal, ya que la mayoría de la gente lo percibe como demasiado inhumano. Ahora se centra en la ofrenda de comida, bebida o cualquier otro artículo a los dioses, pero seguirá habiendo un banquete tras finalizar el rito. En el caso de los blóts al aire libre, los objetos que se sacrifican suelen arrojarse a una hoguera. Pero para un blót interior, los participantes reservan un lugar para el dios o antepasado al que desean honrar.

Un symbel es un rito en el que hay uno o dos cuernos para beber llenos de hidromiel o cualquier bebida alcohólica apropiada. Después de bendecir y santificar las bebidas según las prácticas paganas nórdicas, los practicantes se pasarán los cuernos y cada uno tomará un trago. La primera ronda de brindis suele ofrecerse a los dioses, la segunda a los antepasados y la tercera a cualquier cosa que acuerden los paganos nórdicos reunidos.

Además de ofrecer ofrendas a los dioses, la mayoría de los paganos nórdicos dejan pequeños regalos para la "gente oculta", del hogar, como los brujos que viven en sus patios. Muchos paganos nórdicos tienen un cuenco especial donde colocan sus ofrendas. Algunos incluso tienen un pequeño altar en su jardín. A menudo, los paganos nórdicos hacen una pequeña ofrenda para su caballero doméstico cada vez que hornean pan o elaboran su propio hidromiel. Lo hacen para tener buena suerte y para ahuyentar la energía negativa que puede estropear sus productos.

También hay que ser respetuoso con el poder de la casa. Debe respetar su espacio, lo que puede hacer simplemente manteniendo su casa limpia. Es importante que haga todo lo posible para que su gente oculta le vea con buenos ojos.

Moralidad y ética

Aunque el nombre pagano siempre se ha asociado con ser incivilizado y sin moral, eso es lo contrario de lo que defienden los verdaderos practicantes de la religión. Los paganos nórdicos basan sus puntos de vista éticos y morales en las acciones de los personajes de las antiguas sagas nórdicas. Su ética se centra principalmente en los ideales del honor, la hospitalidad, la virtud del trabajo duro, el valor y la integridad. También se centran mucho en los vínculos familiares.

La comunidad pagana nórdica espera que sus miembros mantengan su palabra en todo momento, especialmente si han hecho un juramento. La razón principal puede apuntarse a un fuerte espíritu individualista que se centra principalmente en la responsabilidad personal. "Somos nuestros actos" es un lema común utilizado dentro de la comunidad. La mayoría de los practicantes del paganismo nórdico rechazan el concepto de pecado. Creen que ser culpado por sus acciones pasadas es más destructivo que útil.

Magia y adivinación

Es común que los miembros de la antigua religión nórdica participen en la práctica de la magia y la adivinación. Cada comunidad tiene al menos una persona que practica las artes místicas. En la religión pagana moderna, muchos todavía creen y practican la magia y la adivinación. Incluso están reviviendo activamente muchas prácticas utilizadas por las antiguas culturas germánicas.

Las prácticas que los paganos modernos están reviviendo activamente incluyen la creación de talismanes rúnicos y el cántico de hechizos (galdor). Muchos también están redescubriendo la práctica adivinatoria del norte de Europa llamada "seidr". "Seidr oracular" es un antiguo ritual en el que un vidente responde a preguntas o da consejos a los participantes.

Muchos paganos modernos también utilizan las runas para predecir el futuro. Predecir no es la palabra correcta. Las runas pueden utilizarse como oráculos para dar consejos. Dan pistas sobre cómo encontrar las respuestas a sus preguntas, pero es usted quien, en última instancia, tendrá que averiguar los detalles. Sin embargo, es importante que los lanzadores de runas tengan una excelente intuición.

La adivinación rúnica no es una adivinación en sí misma. Las runas solo le darán un medio para analizar su camino y determinar los posibles resultados si se mantiene en el mismo curso. Los practicantes de la adivinación rúnica no creen especialmente en la predestinación. Según ellos, su futuro no está grabado en piedra. Puede cambiar el resultado cambiando su presente.

Capítulo 2: El don divino del futhark

Ahora que ha tenido una rápida introducción a la religión pagana o, en otras palabras, a la religión nórdica moderna, es hora de que aprenda más sobre la práctica de la adivinación y la lectura de las runas. Antes de que pueda aprender la adivinación rúnica, necesita entender cómo leer las runas. Los talismanes que utilizará más adelante están escritos con un alfabeto rúnico conocido como futhark, y este capítulo le enseñará todo sobre este antiguo sistema de escritura.

El futhark antiguo

En la cultura popular moderna, las runas nórdicas/germánicas siempre parecen tener propiedades místicas y misteriosas. Por ello, su simbolismo se utiliza a menudo en los videojuegos de fantasía y en los juegos de mesa. Los practicantes de la brujería también utilizan las runas para sus ceremonias y rituales, de forma muy parecida a como lo hacen los paganos modernos.

Las tribus germánicas de las islas escandinavas siempre han utilizado las runas (mucho antes de que el cristianismo llegara a sus costas). Después de que la mayoría de la población fuera obligada a convertirse al cristianismo, las runas y otras antiguas prácticas paganas pasaron a ser conocidas como paganas. Se oponen directamente al cristianismo. Por ello, fueron prohibidas y casi borradas de la existencia. Los colonizadores cristianos no pudieron erradicar por completo la religión germánica, que no hizo sino añadir intriga y mística a las runas.

El alfabeto rúnico, también conocido como futhark, es el sistema de escritura utilizado por las antiguas tribus germánicas. Su nombre procede de las seis primeras letras de las runas, es decir, la f, la u, la th, la a, la r y la k. Es más o menos lo mismo que ocurre con el alfabeto que procede de la alfa y beta, las dos primeras letras del alfabeto griego.

No hay explicaciones claras de por qué las runas futhark están dispuestas de una forma tan peculiar. Aunque nadie sabe la respuesta real, muchos expertos creen que es una forma de función mnemotécnica para facilitar la memorización de las letras.

Origen mítico de las runas

Odín, el padre de todo, siempre ha estado en una búsqueda interminable de más conocimiento y sabiduría. Es tan implacable que sacrificaría cualquier cosa para obtener más conocimiento, como lo demuestra su único ojo. Sacrificó su otro ojo a cambio de más sabiduría, pero esa es otra historia.

El descubrimiento de Odín de las runas germánicas le hizo hacer muchas cosas inconcebibles en sí mismo. Todo ello gracias a su aparentemente insaciable sed de comprender la miríada de misterios del cosmos. Además, es un testimonio de su inquebrantable voluntad.

Después de que Odín y sus hermanos derrotaran al gigante Ymir, creó el reino del hombre, al que llamó Midgard. Después de terminar la creación de los Nueve Reinos, esperaba y deseaba adquirir más que suficiente sabiduría para poder usarla para vigilarlos.

Esto le llevó a enviar a Hugin y Munin, dos de sus cuervos, a varios mundos a lo largo del día. Entre las funciones de sus cuervos estaba la de comunicarse con todas las criaturas, estuvieran vivas o muertas. Volvían por la noche para contarle a Odín toda la información que habían recogido durante su exploración.

Odín continuó con ese esquema hasta que, finalmente, se cansó de él. Se sintió insatisfecho con la forma específica en que adquiría la sabiduría y el conocimiento. Esto le motivó a buscar y recopilar por sí mismo toda la información que deseaba. Esta decisión le llevó a su aparentemente interminable búsqueda de sabiduría y conocimiento.

Odín tenía un fuerte impulso y deseo de adquirir conocimientos, por lo que visitó a Mimir. Él era el hombre más sabio de todos los aesir. El deseo de Odín era adquirir conocimiento bebiendo del pozo de Mimir. La razón era que este poderoso pozo contenía una raíz de Yggdrasil que contenía toda la información sobre los Nueve Reinos.

Odín transmitió esta intención a Mimir, pero este le informó que, para cumplir su intención, debía sacrificar algo. Su sacrificio debería ser sustancial y apropiado para un dios como él. Entonces se le pidió a Odín que sacrificara un ojo, y ni una sola vez dudó en hacerlo. Su hambre de conocimiento le hizo aceptar sacarse el ojo izquierdo y dárselo a Mimir, pero incluso después de ese incidente, Odín seguía insaciable por todo el conocimiento adquirido.

Continuó su exploración y búsqueda hasta conocer las runas mágicas y sus secretos. Se interesó intensamente por ellas al saber que estos misteriosos símbolos pueden dar a los usuarios un control completo sobre las fuerzas de la naturaleza, pero también sabía la necesidad de hacer un enorme sacrificio para dominar las runas y comprenderlas en profundidad. Sabía que podría tener que soportar un sufrimiento extremo hasta el punto de estar al borde de la muerte.

Estaba dispuesto a hacer todo eso solo para satisfacer su necesidad de conocimiento. Fue en ese momento cuando se clavó una espada en el costado y se colgó de las ramas del Yggdrasil. Permaneció así durante nueve días sin comer, beber ni dormir. Descubrió las runas y sus poderes y misterios individuales con éxito después de acercarse a la muerte.

Odín también se dio cuenta de lo útiles que eran las runas a la hora de realizar incluso aquellos actos aparentemente imposibles, como hablar con los muertos, curar a los enfermos, predecir lo que va a ocurrir, e invocar y calmar las tormentas. Con estos conocimientos recién adquiridos, tuvo un fuerte deseo de compartirlos con el mundo. Esto le impulsó a tallar las primeras 18 runas en piedra, madera y hueso. Incluso hizo la talla en las garras de un lobo y en el pico de un águila. Después de tallarlas, transmitió todos estos elementos a todos los que vivían en Midgard.

La conexión entre la madera y las runas

El futhark se originó a partir de las runas transmitidas por Odín, pero las propias runas conservaron sus poderes originales. Los antiguos vikingos nórdicos y otras tribus germánicas utilizaban las runas siempre que querían hablar con sus familiares o conocidos caídos. También las utilizaban para la protección y la paz.

Además, la mayoría descubrió que las runas eran útiles para la adivinación y para contactar con seres que existían en otros planos de la existencia. Utilizaban diferentes materiales para dibujar las runas, como madera (sobre todo roble, haya y pino), huesos, conchas, papel o piedra. La mayoría cree que las runas son más poderosas si las crea el usuario, en lugar de utilizar las que hicieron otras personas.

El material más utilizado para la fabricación de runas es la madera. Esto se debe principalmente a la importancia del elemento madera en la mitología nórdica. Por ejemplo, el árbol de la vida, Yggdrasil, sostiene los nueve mundos desde sus ramas. La mayoría de los artefactos nórdicos con runas inscritas son de madera.

El futhark en Gran Bretaña

Entre el 400 y el 500 d. C., tres tribus germánicas procedentes de Escandinavia, los anglos, los sajones y los jutos, invadieron Gran Bretaña. Junto con su cultura, trajeron el futhark. Con el paso del tiempo, modificaron el futhark y lo convirtieron en el "futhorc" de 33 letras, para poder incluir los sonidos únicos del inglés antiguo, la lengua hablada por los anglosajones.

Según los lingüistas, el "futhorc" es una prueba del cambio fonológico en el que la vocal larga /a/ del inglés antiguo evolucionó hasta el sonido de la vocal /o/. Al principio, el sistema de escritura futhark/futhorc parecía prosperar en Gran Bretaña. Pero decayó y, finalmente, casi desapareció con la difusión del alfabeto latino.

El futhorc entró en declive durante el siglo IX d. C., y en el siglo X, los misioneros convirtieron a todas las tribus germánicas al cristianismo. Con la disolución de su antigua forma de vida, su cultura y el alfabeto futhark disminuyeron también lentamente.

Los creyentes modernos

Incluso después de mil años de terminar la era vikinga, Thor y Odín, y los demás dioses y diosas de la religión nórdica, seguían siendo fuertes, y mucha gente seguía creyendo en ellos. Cuando se introdujo el cristianismo, la antigua religión nórdica decayó o desapareció de alguna manera, pero todavía hay un número importante de personas que la practican. Tras la introducción del cristianismo, la religión nórdica se practicaba en secreto. Algunos incluso la practicaban ocultándose bajo el manto del cristianismo.

En la actualidad, todavía se pueden encontrar muchas personas de diversas partes del mundo que creen en la religión nórdica y en la magia. En Dinamarca, entre 500 y 1.000 personas siguen creyendo en esta religión hasta el día de hoy. Estas personas siguen adorando a los antiguos dioses.

Como hacían los vikingos, la mayoría de los creyentes modernos se reúnen abiertamente. Es cuando adoran y alaban a los dioses en los que creen y dan ofrendas; entre los rituales que hacen para honrar a sus dioses están brindar y comer un banquete. Por ejemplo, algunos ofrecen un brindis a los dioses de la fertilidad si sus intenciones incluyen la prosperidad y una cosecha abundante.

El brindis también puede ser personal, como cuando una mujer quiere quedarse embarazada o busca el amor eterno. Los que tienen problemas, alaban a Thor para que les haga más fuertes. También pueden invocar a Odín para obtener sabiduría.

Una cosa a tener en cuenta sobre la creencia y la fe modernas en los dioses nórdicos es que no sirve como sucesión directa de lo que creían los vikingos. En general, se centra más en reinterpretar y revivir la antigua religión. La razón podría ser las limitadas fuentes escritas sobre este tema.

¿Para qué se pueden utilizar las runas?

¿Siente curiosidad por saber en qué pueden ayudarle las runas? Como sugieren sus orígenes históricos, puede usarlas para muchas cosas, pero a menos que sea un dios nórdico, es posible que todavía no pueda usarlas para controlar el clima o hablar con los muertos. Sin embargo, le serán útiles para varias razones y situaciones.

Una situación específica en la que puede utilizar las runas es cuando necesita orientación, quizás en un momento en el que se encuentra en una mala racha en su vida. A esto se le llama adivinación, que difiere de la predicción de la suerte, ya que no le dirá una respuesta directa sobre cómo se desarrollarán los acontecimientos. Las runas le permitirán conocer las diferentes variables que pueden suceder y los posibles resultados que sus acciones pueden traer.

Las runas le darán pistas sobre las respuestas, pero le permitirán trabajar para encontrar los detalles. Con esto en mente, debe tener una intuición aguda cuando utilice las runas. Los lectores de runas reconocen que el futuro no está grabado en piedra. Esto significa que todavía tiene el poder de tomar sus propias decisiones que pueden cambiar los resultados.

Si no le gusta lo que las runas dicen sobre su futuro, es libre de no aceptarlo y realizar las acciones apropiadas para evitar que se cumpla la adivinación. Todavía tiene la posibilidad de cambiar su dirección o seguir un camino diferente.

También puede utilizar las runas cuando se encuentre en una situación en la que solo tenga información limitada antes de tomar una decisión práctica. Siempre es necesario utilizar su intuición para dar sentido a lo que le dicen.

Una vez más, echar las runas difiere de la adivinación real. La idea que subyace en la forma de utilizar las runas es que su mente consciente y subconsciente se centran en ellas cada vez que les hace preguntas. Cuando las lanzas, su subconsciente puede haber decidido por usted. Las runas solo están para ayudar a aclararlo.

Algunas personas creen que solo se puede preguntar a las runas sobre los temas que le molestan específicamente. Otros creen que está bien hacer preguntas específicas. Independientemente de lo que se pregunte, lo mejor es pensar en la consulta con claridad. Recuerde esto cuando lance sus runas.

Además, recuerde que la lectura de las runas no es una ciencia exacta. No verá un resultado futuro claro, ni obtendrá una respuesta clara a su pregunta. La lectura de las runas consiste más bien en utilizar su intuición para buscar posibles resultados.

Otros usos de las runas

Las runas no son solo herramientas utilizadas para la adivinación, sino también poderosas reliquias que puede utilizar para otros fines. Aquí hay un par de sus otros usos famosos:

Joyería

Puede grabar los símbolos de las runas en sus joyas. Aquí, puede utilizar cualquier metal precioso que le guste. Incluso es posible tallar las runas en piedras preciosas si lo desea. Puede usar su imaginación en cuanto a lo que usted escribe con las runas. No hay una forma incorrecta de hacerlo si sus intenciones están en el lugar correcto. No se preocupe por si le salen mal. Puede estar tranquilo sabiendo que incluso si utiliza las runas de forma incorrecta, solo serán ineficaces en lugar de ser peligrosas.

Talismanes

Mientras que grabar las runas en las joyas es un método pasivo de utilizarlas (otras personas pueden verlas como diseños decorativos), los talismanes son más obvios a la hora de utilizarlos. Son grandes medallones con inscripciones rúnicas. También suelen tener una gran piedra en el centro.

Los practicantes nórdicos paganos consideran que los talismanes rúnicos son conscientes y están vivos, por lo que pueden conservarse permanentemente o hacerse de tal manera que puedan liberarse una vez que se manifieste su propósito. Esto es posible enterrando las runas en la tierra, para que puedan volver a la naturaleza.

¿Cómo hacer las mejores runas?

Históricamente, los fabricantes de runas utilizan su sangre o la de un animal sacrificado para pigmentar sus runas, supuestamente potenciándolas aún más, pero no es realmente un requisito. De hecho, puede utilizar cualquier tipo de pintura o tinta que le guste, especialmente si es del tipo aprensivo que no soporta la visión de la sangre.

Considere el tiempo al crear una runa. Para ello, tenga en cuenta la fase de la luna en ese momento. Por ejemplo, para crear runas que representen el crecimiento y la consecución de objetivos, hágalas durante la luna creciente. Pero el mejor momento para crear runas destinadas a eliminar o disipar es cuando hay luna menguante.

La forma más básica y sencilla de elegir inscripciones rúnicas es escribiéndolas horizontalmente. Antiguamente, las inscripciones rúnicas se hacían en números impares, pero si no es usted un fanático del método tradicional, solo tiene que elegir cualquier número que le apetezca utilizar, pero recuerde que a veces, el concepto "menos es más" es lo más aplicable. Las inscripciones rúnicas son una de esas veces. Piense en la inscripción de runas como si estuviera contando una historia, de modo que está describiendo el resultado que desea.

Algunos creadores de runas también disfrutan cantando el nombre de cada runa cada vez que las crean. También puede hacerlo. Lo importante es que usted se concentre en cargar las runas con sus intenciones personales mientras usted las está creando.

¿Cómo funciona el lanzamiento de runas?

De nuevo, el lanzamiento de runas difiere de la adivinación real. La idea detrás de la forma de usar las runas es que su mente consciente y subconsciente se enfoque en ellas cada vez que hace preguntas a las runas. Cuando las lanza, su subconsciente ha decidido por usted. Las runas solo ayudan a aclararlo.

¿Qué tipo de runas necesita?

Puede utilizar diferentes materiales para las runas. Entre los más populares están la piedra, los cristales, los huesos, el metal y la madera. Si solo es un principiante en la lectura de las runas y todavía se está familiarizando con ellas, puede utilizar un juego de runas básico/simple. Si lleva años leyendo runas, puede conseguir un juego especial para usted.

Si siente que hay una cierta atracción entre usted y una runa determinada, como si le hablara, entonces debería adquirirla. Cuando usted adquiere un juego de runas, suelen venir con un folleto que explica lo que representa cada runa y las diferentes opciones de cómo interpretarlas. Sería aún mejor si usted tallara su propio juego de runas. Puede utilizar cristales, huesos de animales, madera o incluso metal para ello si lo desea.

Las runas que usted mismo hace tienen más poder en su interior que las prefabricadas. Independientemente del material o de quién las haya hecho, lo que más importa es lo que haga con ellas.

Capítulo 3: Los fundamentos de la adivinación

Ahora que ya entiende un poco sobre las runas y sus orígenes místicos e históricos, puede aprender cómo puede utilizarlas. Dado que el uso de las propiedades místicas de las runas, como el control del tiempo y el hablar con los muertos, entre otras muchas, está todavía fuera del alcance de los simples mortales, puede aprender a utilizarlas para la adivinación. Este proceso también se llama lanzar las runas.

¿Qué es lanzar las runas?

Lanzar las runas es un método de adivinación oracular, en el que el usuario coloca o lanza las runas. Puede ser en un patrón específico, o puede lanzarlas al azar. Es una forma de que la gente obtenga orientación sobre cómo tratar sus problemas o afrontar sus situaciones. Básicamente, es una forma de que la gente tome decisiones sensatas.

Las runas no les darán respuestas exactas a sus preguntas. No pueden decirle cuándo o cómo morirá, ni le permitirán saber con quién se casará y cuándo. Tampoco recibirá ningún consejo de las runas. No puede esperar que le digan que debe dejar su trabajo y convertirse en un jugador profesional. No le aconsejarán que deje a su cónyuge infiel y se lleve a los niños.

Las runas le sugerirán los posibles resultados de su decisión. En pocas palabras, solo le darán pistas. Tendrá que utilizar su capacidad de pensamiento crítico y su intuición para averiguar el mejor curso de acción para su situación.

Al igual que con otros métodos de adivinación, las respuestas de la adivinación rúnica no son definitivas. Si no le gusta lo que le dicen las runas, solo tiene que cambiar lo que está haciendo y elegir otro camino. Sigue siendo el dueño de su propio destino. Las runas solo sirven de guía.

¿Es fácil interpretar las runas?

Solo unas pocas personas pueden aprender el arte de la adivinación de las runas en el primer intento. Tomará tiempo antes de que pueda llamarse a sí mismo un maestro del arte. Normalmente, cuando compra un juego de runas, viene con un folleto de instrucciones que muestra cómo puede interpretarlas. Puede consultar muchos libros y vídeos para aprender todo lo que pueda sobre las runas, pero lo más probable es que no resulte suficiente.

Para muchos, aprender a interpretar las runas con precisión será un asunto de toda la vida. Aun así, puede ser una experiencia edificante. También le encantará saber que, con el tiempo, leerlas será más fácil, sobre todo si práctica.

Si tiene una buena intuición, es mucho más fácil averiguar lo que las runas le están diciendo potencialmente. Si no está seguro del mensaje de las runas, no se preocupe, ya que puede que no se refiera solo a su situación actual. Intente conservar la mayor cantidad de información que las runas le estén diciendo. Anote los detalles de su adivinación, especialmente de aquellos de los que no está seguro, y luego averigüe si los detalles se vuelven más relevantes más adelante.

Incluso los lanzadores de runas con muchos años de experiencia admiten que a veces no entienden el significado de las runas que lanzan. Algunos incluso tienen que esperar semanas o meses después del lanzamiento para que les lleguen las respuestas.

La importancia de meditar antes de lanzar las runas

Tanto si es un principiante en el lanzamiento de runas como si lleva años haciéndolo, lo más probable es que haya probado diferentes técnicas para mejorar su precisión en la lectura de las runas. Algunas técnicas que ha probado pueden haber funcionado, mientras que otras no hicieron nada. Aunque ha aprendido muchas cosas nuevas, su destreza en la lectura de runas parece no haber cambiado.

Un método que parece funcionar para muchos lanzadores de runas, y muy probablemente para usted, es la meditación. ¿Por qué la meditación parece funcionar tan bien? Las siguientes razones podrían explicarlo.

Calme su mente, permitiéndose pensar con claridad

Tener una mente tranquila y relajada le permitirá aclarar sus pensamientos y minimizar cualquier estrés que esté experimentando de alguna manera. Necesita una mente clara porque tratará de leer las runas de una manera centrada y reflexiva. Es importante mirar las runas que lanza y tratar de darles sentido lo mejor que pueda. Tenga en cuenta que está tratando de averiguar qué es lo que viene. Solo hacer esto ya es difícil, y lo es aún más cuando tiene la mente estresada.

Por ejemplo, después de un día estresante en el trabajo o en la escuela, llega a casa y un millón de pensamientos pasan por su mente. Se sienta y trata de lanzar sus runas, pero lo único que pasa por su mente es la pila de papeleo que tiene que revisar en el trabajo o el examen que se avecina el lunes. Obviamente, su mente no está centrada en las runas, lo que puede llevar a arruinar sus lecturas si hay algo allí.

Le permite acceder a un nivel superior de pensamiento

¿Qué es un nivel superior de pensamiento? Significa que se concentra completamente en la tarea que tiene entre manos. Es como si hubiera desconectado el resto del mundo y solo pudiera ver y oír la tarea que tiene delante.

Hay diferentes niveles de conciencia que la mente humana puede alcanzar. Cuanto más alto es el nivel, más conciencia tiene su mente. Se vuelve más sensible a las cosas que suceden a su alrededor y a sus niveles inferiores de conciencia. Es una gran ayuda para los lanzadores de runas porque una mente enfocada les permite visualizar cosas que antes no podían visualizar.

Le da más control sobre su cuerpo y su mente

Si es como la mayoría de los lanzadores de runas, lo más probable es que haya tratado de encontrar el mejor lugar en su casa para hacer sus lecturas, pero parece que no puede encontrar un entorno completamente tranquilo y libre de distracciones. No puede escapar completamente de las distracciones; lo único que puede hacer de forma realista es entrenar su mente para que no tengan efectos negativos.

La meditación le ayudará a entrenar su mente para que pueda aclimatarse a cualquier situación que pueda ocurrir. No hará que su mente esté completamente en blanco ni adormecida ante los estímulos externos, pero le hará más consciente. La atención plena significa que su mente reconoce que habrá distracciones dondequiera que vaya, pero en lugar de dejar que estos pensamientos creen un estado de estrés, puede reconocerlos y aceptar que están ahí.

Esto promueve la facilidad de querer atravesar las distracciones y concentrarse en la tarea, que, en este caso, es el lanzamiento de runas. Con la meditación de atención plena, puede lanzar sus runas incluso bajo una lluvia torrencial. Cualquier forma de distracción no le molestará en lo más mínimo.

¿Cómo puede ayudar la meditación a las lecturas?

Supongamos que puede situarse en un nivel superior de pensamiento gracias a la meditación. Allí, descubrirá inmediatamente que, aunque no esté meditando activamente, sus sentidos siguen siendo más conscientes que nunca. Cada vez que abra sus sentidos al mundo cotidiano, ejercitará y entrenará continuamente su mente para ver las cosas de forma diferente. Usted tendrá otras perspectivas en las que puede basar sus decisiones.

Al estar más en sintonía con lo que le rodea, puede captar fácilmente los pequeños detalles que de otro modo habría pasado por alto, lo que le ayudará a dar un mejor sentido a las runas. Por ejemplo, cuando se siente con una persona para una lectura de las runas, puede captar su personalidad. Puede leer mejor a otras personas para poder darles una interpretación más precisa de las runas.

Este es un ejemplo de un escenario. Tiene un amigo que va a ir a una entrevista de trabajo la semana que viene, y quiere saber si va a conseguir el trabajo. Siendo su amigo, ya sabe que es el tipo de persona que se tensará durante una entrevista, pero también está muy cualificado.

También es consciente de que el trabajo para el que se entrevista su amigo implica el trato con otras personas, por lo que es importante que trabaje en su capacidad para relacionarse. En ese caso, puede lanzar sus runas. Quizá la más importante sea Uruz. Uruz es una runa de poder, pero está fuera del control de las personas. También puede significar que el éxito está cerca.

Normalmente, puede decirle a su amigo que el éxito está cerca, pero viene con un poder sobre el que no tiene control. Además, no está seguro de cuándo llegará este poder. Si medita antes de la lectura y está en un estado más consciente, puede percibir la actitud de su amigo sobre el trabajo. Si usted siente que su amigo está en control, es muy probable que el poder sin control venga con el trabajo.

Preparándose para lanzar las runas

¿Piensa usted que ya está listo para lanzar runas? Si lo está, entonces sepa que todavía hay un par de cosas más que necesita hacer para llegar al espacio mental correcto. Lanzar y leer runas requiere que usted esté cómodo y preparado antes de comenzar.

Como nota aclaratoria, estos consejos no son requisitos para una lectura de runas. Lo único que necesita es un juego de runas. Usted se conoce mejor que nadie, por lo que es el único que puede decir lo que le hace sentir cómodo antes de hacer una lectura.

Sin embargo, aquí hay algunas sugerencias en función de ciertos factores clave:

La hora del día

Algunos lanzadores de runas creen que las lecturas deben hacerse solo durante el día. Siempre deben ser al aire libre, con el sol brillando intensamente. Pero algunos dicen que el mejor momento es antes de la medianoche. Es el momento en que el velo que separa este mundo del otro es más fino. Esto significa que es más fácil comunicarse con los espíritus.

También hay quien dice que hay una forma de calcular qué hora es la mejor para hacer una lectura, dependiendo de las preguntas que se vayan a hacer. La hora a la que realice la lectura dependerá de sus preferencias. No hay pruebas que demuestren que una forma es mejor que las otras. Lo mejor es hacer los lanzamientos en diferentes momentos del día y ver qué horarios le convienen más.

Clima

El clima juega un papel importante en la lectura y el lanzamiento de runas. Ya se ha mencionado que algunos lanzadores prefieren los días soleados a los nublados o lluviosos. La razón principal es que el tiempo puede influir en el estado de ánimo de una persona. Por ejemplo, la mayoría de las personas se sienten inexplicablemente tristes cuando el cielo está gris o cuando llueve, y se sienten más positivas cuando brilla el sol. Algunas personas también se sienten más cómodas cuando el cielo está nublado o llueve. Lo más importante es programar los lanzamientos en un momento en el que el tiempo y el estado de ánimo sean los mejores.

El entorno

El entorno también juega un papel muy importante cuando se lanzan las runas. La razón podría ser que cada lugar tiene su propio campo de energía. Por ejemplo, es posible que no desee lanzar las runas en un lugar con muchas líneas eléctricas o torres de telefonía móvil, ya que la energía que emiten puede interferir con la suya.

Además, considere el tipo de personas que le rodean. Es mejor evitar a aquellos que son escépticos o que no creen en el poder de las runas. Si se rodea de personas muy escépticas, influirán en sus propios sentimientos sobre las runas. Puede que incluso dude de sí mismo, lo que resultará en una lectura pobre e inexacta.

Preparación para lanzar las runas

Si está lanzando runas al aire libre, entonces la preparación que tiene que hacer debe ser simple y básica. Solo necesita mirar hacia el sol, colocar su manto de invocación (si va a usar uno), colocar su almohada y sentarse sobre ella. Enfrente de usted, coloque sus mantras y un trozo de papel que contenga la pregunta que desea hacer a las runas (opcional).

Introduzca la mano en la bolsa de las runas y mezcle las runas. Junte el número de runas que necesite en función del tipo de invocación y láncelas sobre el paño de invocación o delante de usted.

Si desea realizar el lanzamiento en un lugar cerrado, puede utilizar un par de opciones. En primer lugar, busque un espacio lo suficientemente grande como para poder colocar el manto de invocación sin que nada se interponga en su camino. El manto también debe ser plano y no estar arrugado.

Si es posible, siéntese de cara al este o a la posición del sol en ese momento. Si lanza por la noche, coloque el manto de forma que esté orientado hacia la luna. Si esta colocación es imposible en su casa, solo tiene que colocar el manto de manera que nada lo obstruya, así quedará bien.

Un rápido resumen del procedimiento de lanzamiento

Ahora, pasemos al lanzamiento de las runas. Algunas tradiciones mágicas realizan el proceso lanzando las runas sobre un manto blanco. La tela proporciona un fondo claro para leer las runas y un límite mágico extremadamente útil durante el proceso de lanzamiento.

Algunos lanzadores lo hacen directamente sobre el suelo. Puesto que es usted quien va a realizar la tirada, tiene la libertad de elegir el método que desee. Una vez terminada la sesión de lanzamiento, consiga una pequeña caja o bolsa donde pueda guardarlas.

Puede lanzar las runas utilizando cualquiera de los muchos métodos disponibles. Cada uno de ellos es tan válido como el siguiente. Hay un par de métodos que son actualmente populares entre los lanzadores de runas modernos.

Al igual que otros métodos de adivinación, el lanzamiento de runas se dirige básicamente a un tema en particular y le permite encontrar las cosas que podrían influir en él desde su pasado y su presente. Por ejemplo, puede querer hacer una tirada de 3 runas sacando tres de una en una de la bolsa. Luego puede colocarlas una al lado de la otra en un paño blanco.

La primera runa que ha sacado representa la visión general de su situación. La segunda es para los desafíos y obstáculos en su camino, mientras que la última le da los caminos potenciales que puede tomar en respuesta.

Así es como suele empezar una sesión básica de lanzamiento de runas:

- Extienda sus runas sobre la tela, todas hacia arriba para asegurarse de que el juego está completo. Después de eso, puede volver a ponerlas dentro de la bolsa.

- Coloque su mano dentro de la bolsa y mézclelas lo mejor que pueda. Mientras lo hace, concéntrese en su pregunta.

- Agarre un par de runas que dependerán del método de lanzamiento que haya elegido y láncelas sobre la tela.

- Utilice las runas que cayeron boca arriba para hacer su lectura. Si no tiene suficientes runas hacia arriba para hacer su lectura, puede elegir volver a lanzarlas y empezar de nuevo, volver a lanzar las runas que cayeron boca abajo o dejar los espacios de la tirada en blanco.

¿Cómo recoger las runas del manto de lanzamiento?

Una vez que las runas están en el manto de lanzamiento, lo siguiente que puede pasar por su mente es cómo saber cuáles recoger. Afortunadamente, hay un par de maneras de hacerlo. La primera consiste en elegir un punto del manto antes de lanzarlas. A continuación, elija la runa más cercana a él para el primer punto de la tirada. Después, elija la más próxima para el siguiente. Continúe haciéndolo hasta que todos los espacios de su tirada estén llenos.

Otra forma es imaginar una línea que corre por el centro del manto de lanzamiento y luego escoger la runa boca arriba que caiga más cerca de ella primero. Si dos runas están más o menos a la misma distancia de la línea, elija primero la que esté más cerca. Los puntos de su tirada están llenos; el siguiente paso es leerlos y averiguar su significado.

Capítulo 4: Las herramientas del maestro de runas

Ahora que conoce la esencia del lanzamiento y la lectura de las runas, es el momento de preparar sus propias herramientas para la adivinación. Las herramientas principales que todos los lanzadores de runas necesitan tener son sus propias runas. Para ello, puede elegir entre hacer las runas por su cuenta o comprarlas.

Hacer sus propias runas

Si solo está aprendiendo sobre las runas, hacer su propio conjunto es una buena manera de memorizar cada símbolo rúnico. Pintar o tallar los símbolos en el medio que usted elija puede servir como una especie de meditación, que también es útil para infundir más de su energía en sus runas.

Dependiendo de lo hábil que sea con sus manos y de su nivel de destreza en la artesanía, así como de los materiales que tenga para trabajar, hacer su propio juego de runas puede ser una buena salida para su creatividad. Al crear sus propias runas antiguas del futhark, necesitará 24 objetos de tamaño similar para sus piezas rúnicas (25 si va a incluir una runa Wyrd).

Por lo general, puede encontrar los materiales perfectos en su tienda local de artesanía. Para hacerlo de la misma manera que lo hacían los antiguos nórdicos, puede encontrar los materiales que necesitará justo en su patio trasero.

Lo bueno de comprar en la tienda de artesanía es que puede conseguir fácilmente piezas de forma uniforme, a diferencia de ir a su arroyo local y pasar horas buscando guijarros del mismo tamaño y forma.

Buscar en la naturaleza los materiales para sus runas hace que el proceso sea más espiritual. Las runas que usted haga también serán muy personales y únicas. Hacer sus propias runas tiene los siguientes pros y contras:

Pros

- Le permitirá establecer una conexión más personal con sus runas.

- Le dará la oportunidad de ejercitar su creatividad, ya que será usted quien cree un conjunto único de runas.

- Es más económico que comprarlas.

Contras

- A menos que sea hábil y tenga los materiales y el equipo adecuados, es posible que no consiga runas tan bellas como las disponibles en el mercado.

Comprar runas comerciales

Mientras tanto, muchas tiendas especializadas y sitios web ofrecen hoy en día conjuntos de runas prefabricadas. Puede comprarlas solo si no quiere lidiar con la molestia de hacer unas por su cuenta. Las prefabricadas suelen estar construidas con técnicas y materiales difíciles de replicar por cualquiera. Incluso puede ser más difícil replicarlas si no es del tipo artesanal.

Puede conseguir runas grabadas con láser, sobre todo si quiere que las inscripciones sean permanentes. También puede encontrarlas con bonitas incrustaciones. Si no dispone de las herramientas, el equipo y las habilidades necesarias para hacer estos artículos tan meticulosos, es mejor que invierta su dinero en unas ya hechas. Esto es especialmente cierto si siente que un determinado juego de runas le llama la atención.

Normalmente, los conjuntos disponibles en el mercado contienen las veinticuatro runas popularizadas por el futhark. La mayoría de estas runas también incluyen una runa Wyrd o en blanco, que sirve de comodín. Al estar prefabricadas, es de esperar que cada una tenga también su propia caja decorativa o bolsa con cordón. La mayoría también contiene instrucciones para que a los usuarios no les resulte difícil familiarizarse con las runas y los aspectos básicos de su uso.

Sin embargo, tenga en cuenta que solo por el hecho de que estos artículos adicionales vengan con las runas, no tiene la obligación de utilizarlos ni las instrucciones específicas sobre su uso. Las técnicas de lectura de las runas varían, y no hay dos lanzadores que utilicen el mismo método exacto para hacerlo.

Pros

• Ofrecen varias opciones.

• Existen diversas runas únicas y bellamente elaboradas a la venta, algunas son tan únicas que simplemente no se pueden replicar.

• Siempre son uniformes en tamaño y diseño.

Contras

• Será un reto crear un fuerte vínculo espiritual con sus runas, ya que las acaba de comprar.

Materiales

Algunos materiales adecuados para las runas son las piezas de madera, los trozos aserrados de una rama de árbol, las piezas de arcilla cocida o las rocas de vidrio para acuarios. Básicamente, cualquier cosa que sea pequeña y de tamaño uniforme funcionará bien.

Tenga en cuenta también la durabilidad del material. Algunas personas utilizaron rocas planas que obtuvieron de los lechos de los ríos, solo para descubrir más tarde que eran rocas sedimentarias frágiles que tienden a astillarse y desintegrarse fácilmente. La madera no curada se agrieta y se parte a lo largo de la veta.

Los símbolos pintados sobre una superficie lisa suelen borrarse cuando las runas se rozan entre sí en la bolsa. Tendrá que probar y equivocarse antes de encontrar un material que sea lo suficientemente duradero como para aguantar al menos un año o dos de lecturas constantes de runas.

Las siguientes son sugerencias sobre el tipo de material que puede utilizar para hacer su juego de runas.

Huesos - Puede hacer runas con huesos de animales limpiados y dejados al sol para que se blanqueen y sequen. También puede utilizar estos huesos si es un coleccionista de estos materiales. Con ello, dispondrá de materiales listos para hacer las runas, específicamente los restos óseos de animales.

Cuando tenga previsto utilizar huesos de animales, un consejo sabio es que busque los más gruesos y densos. La razón es que los huesos gruesos y densos son muy recomendables para la fabricación de runas. Al investigar, también se dará cuenta de lo fácil que será elaborar una runa si utiliza fémures.

Si no es coleccionista y solo piensa comprar los huesos para las runas, entonces prepárese para buscar los de búfalo de agua, ya que estos son ideales. La razón es que las disponibles en el mercado se fabrican a partir de este tipo de animales. Estos huesos también son conocidos por ser subproductos de la ganadería lechera y cárnica en Asia.

Cornamenta – Las secciones transversales de la cornamenta de los ciervos también son materiales estupendos para la fabricación de runas. Lo mejor es que no es necesario cazar ciervos solo para conseguir su cornamenta. A principios del invierno es cuando termina la época de celo, y los ciervos machos se desprenden de su cornamenta. Por lo general, encontrará las astas desechadas cerca de la base de los árboles en los bosques habitados por los ciervos.

Para conectarse con la energía del ciervo, la cornamenta del ciervo es la mejor opción para hacer sus runas. ¡Manténgalas alejadas de su perro, ya que las runas de astas de ciervo se parecen mucho a las croquetas de perro!

Madera - Puede utilizar cualquier tipo de madera que desee para hacer su juego de runas. Puede limitarse a los tipos que, según el folclore, tienen propiedades mágicas, como el fresno, el saúco y el roble. También puede escoger cualquier tipo de madera que tenga un significado personal, como las ramas del árbol que plantó en su jardín cuando era joven.

Si usa la madera fresca de los árboles, asegúrese de secarla bien antes para evitar que se parta. No es necesario que realice este paso si va a comprar la madera comercialmente, ya que esta ya ha sido sometida a un proceso de secado en horno.

Piedras - Los practicantes del paganismo nórdico dicen que cualquier runa hecha de piedra es ya una invención moderna. Algunos incluso creen que los únicos materiales diseñados para hacer runas son los huesos y la madera. Es solo un concepto erróneo, ya que se puede trabajar en cualquier material que se le ocurra. Si puede grabar sus runas, entonces todo es bueno, así que la piedra también es una gran idea.

Una de las razones por las que probablemente se utilizaban la madera y el hueso en el pasado es que estaban disponibles y eran relativamente fáciles de tallar en comparación con las piedras. Puede utilizar gemas preciosas o semipreciosas o solo guijarros ordinarios para hacer sus runas. No tienen por qué ser necesariamente caras. Las runas de piedras preciosas son indudablemente hermosas, y tienen un buen peso, lo que las hace fáciles de moldear.

También puede elegir piedras preciosas conocidas por sus propiedades mágicas para reforzar aún más los poderes de las runas. Por ejemplo, puede fabricarlas con jaspe para el valor y con hematita para la protección.

Cerámica - También puede encontrar runas hechas de arcilla, ya sea secada al aire, horneada o cocida en un horno. De las tres, las cerámicas cocidas al horno son las más duraderas. Las piezas de cerámica son las más populares entre los aficionados al bricolaje porque son las más fáciles de pintar o tallar.

Además, este material parece conectar bien con el elemento Tierra. Puede comprar piezas de cerámica prefabricadas que puede pintar o grabar. También puede utilizar baldosas o macetas rotas. Solo tendrá que darles la forma que prefiera.

Vidrio y peltre - Las runas de vidrio y peltre son artículos un tanto especiales, por lo que son difíciles de conseguir. El problema de usar cuentas de vidrio y peltre es que pueden ser difíciles de pintar, ya que sus superficies son demasiado lisas para que la pintura se fije bien en ellas.

La única forma de grabar runas en ellas es mediante el grabado (con láser o con ácido) o el tallado. Ambos métodos requieren equipos especiales, habilidad y manos firmes. Aunque estos materiales son difíciles de trabajar, los resultados merecen la pena.

¿Hay ciertos materiales que no se deben convertir en runas? La respuesta es que no hay límite en cuanto a lo que se puede utilizar. Lo importante a la hora de hacer runas es saber que hay que hacerlo con el máximo respeto. Odín estuvo colgado medio muerto en Yggdrasil durante nueve días y noches solo para obtener el conocimiento de las runas.

Teniendo esto en cuenta, sería una falta de respeto solo tallar el símbolo en espuma de poliestireno barata y llamarlo runa. Lo menos que puede hacer es esforzarse para que sus runas sean presentables y elegir los mejores materiales para su propósito.

Tamaño y forma

Ahora que ya conoce los materiales específicos que puede utilizar, es el momento de pensar en el tamaño y la forma de las runas que va a fabricar. La mayoría de las runas, especialmente las que tienen forma de piedra preciosa, suelen tener un diámetro de media pulgada, que es demasiado pequeño para los lectores prácticos de runas.

Si desea que sus runas sean fáciles de leer y se sientan cómodas en sus manos, entonces debe conseguir unas más grandes o hacerlas un poco más grandes, como de ¾ de pulgada a 1 pulgada de diámetro. Este tamaño también es beneficioso si va a hacer lecturas para otros.

Las runas vienen en diferentes tamaños y formas, incluso cuando vienen en el mismo set. Si planea utilizar el método de tirada de runas a ciegas con frecuencia, entonces es importante que sus runas tengan aproximadamente el mismo tamaño y forma. Esto puede ayudar a evitar que se realicen tiradas sesgadas.

¿Las runas deben ser planas, redondas, simétricas o asimétricas? Las runas redondeadas se sienten bien en las manos cuando se extraen de una bolsa, pero tienen la tendencia a rodar demasiado cuando se lanzan sobre el manto de lanzamiento. Si piensa en trazar líneas o cuadrículas con sus runas, opte por piezas o, al menos, por piedras circulares planas.

Otra cosa que debe tener en cuenta es si pretende leer runas invertidas. Las invertidas dan diferentes significados a las runas que cayeron boca abajo o al revés. Es difícil saber si una runa redonda está boca abajo o de lado. Algunas runas también tienen el mismo aspecto boca abajo y boca arriba. Si se encuentra con este tipo de problemas, lo mejor es que utilice las runas asimétricas y memorice la orientación correcta de cada una de ellas.

Grabar las runas

Puede grabar las letras del futhark en el soporte que elija. Sin embargo, tenga en cuenta que algunas son más difíciles de grabar que el resto. No obstante, seguirán produciendo diseños hermosos y duraderos.

A continuación, se describen solo algunas de las diferentes formas de grabar las runas:

Pinturas/tintas

A la mayoría de los lanzadores de runas de bricolaje les gusta utilizar pinturas o tinta para marcar sus runas. Es esencial elegir el pigmento adecuado en función del material que vaya a utilizar. Por ejemplo, si va a utilizar piedras, utilice pintura acrílica, ya que es el único tipo que puede adherirse a la superficie de las piedras.

También puede utilizar diferentes marcadores de tinta para grabar las runas en las piedras. Es el método más fácil y rápido de hacer runas, pero también parece ser el de menor rango en cuanto a su durabilidad. Hablando de durabilidad, será necesario poner una o dos capas de barniz transparente para proteger la escritura y hacerla duradera.

Tallado

Si quiere algo permanente, en lugar de simplemente pintar o escribir las runas en la superficie, prepárese para tallar o grabar las letras futhark en las piezas. Es cierto que este método requiere más habilidad y, si no tiene experiencia, puede llegar a cortarse las manos si no tiene cuidado. Aunque no salgan perfectas, quedarán mucho mejor comparadas con las runas pintadas. Además, puede estar seguro de que durarán mucho más tiempo.

Quemando en madera

Este método requiere un soldador o una varilla para quemar madera. Requiere el uso de un pequeño elemento de calentamiento electrónico sobre la superficie de la madera, dejando una línea quemada y carbonizada en la superficie. La línea carbonizada no será fácil de borrar a menos que se lije una gran cantidad del material de la superficie de la madera.

También puede utilizar esta técnica en las piezas de hueso, pero debe hacerlo en una zona bien ventilada porque puede crear gases nocivos.

Capítulo 5: Preparación de las runas: De la limpieza a la potenciación

¿Desea que sus runas funcionen con la misma eficacia que cuando las fabricó y utilizó por primera vez? Entonces debe cuidarlas bien, pero a diferencia de lo que ocurre con otro tipo de accesorios, el mantenimiento de las runas no consiste solo en limpiarlas de forma ortodoxa. También hay que limpiarlas y cargarlas, y en este capítulo aprenderá más sobre estas tareas.

Tenga en cuenta que las runas pueden ser herramientas poderosas, especialmente cuando las trata con cuidado y respeto. Deberá limpiarlas y potenciarlas, especialmente si aún son nuevas o si muchas personas ya las han tocado.

Una cosa que hay que recordar es que las runas son objetos privados y personales, y sus dueños deben ser los únicos que las guarden y las vean. Puede colocarlas en su escritorio o en su espacio de trabajo. También pueden estar en algún lugar cerca de su cama.

Al mantenerlas cerca, está permitiendo que se sintonicen con su energía personal, lo que conduce a lecturas de runas más claras y concisas. Si las utiliza a menudo para leer a otras personas, tendrá que limpiarlas más a menudo.

Limpieza

Hay muchas maneras de limpiar sus runas. Puede elegir la que más le guste, pero lo más importante es que lo haga a menudo y con regularidad. La limpieza es aún más importante entre usos o cuando accidentalmente se involucran con la energía de otra persona durante demasiado tiempo.

A continuación, se describen formas de limpiar sus runas para que vuelvan a funcionar correctamente:

• Extendiéndolas por la noche, o temprano por la mañana, y dejándolas fuera durante al menos 24 horas.

• Purificación: Este método consiste en hacerlas pasar por humo de hierbas aromáticas que contienen propiedades purificadoras diseñadas principalmente para limpiarlas. Si vive en un lugar en el que incluso un pequeño incendio puede hacer que sus vecinos entren en pánico, puede sustituir las hierbas por una vela blanca.

• También puede limpiarlas utilizando agua que fluya naturalmente, como un arroyo o un riachuelo cercano. Nunca use el agua del grifo para la limpieza, ya que ha pasado por numerosos procesos de tratamiento, pero si tiene un poco de agua de lluvia guardada en un recipiente en su casa, puede usarla en su lugar.

Potenciación de las runas

Puede potenciar sus runas simplemente manteniéndolas cerca. Puede hacerlo llevándolas siempre en su bolsillo o bolso. Otra forma de hacerlo es mantenerlas dentro de su espacio personal. De esta manera, pueden sintonizarse con su energía personal.

Aquí hay otros consejos que puede utilizar:

- Colóquelas en el exterior para que el sol pueda bendecirlas, solo tiene que dejar las runas en el exterior al amanecer y volver a guardarlas en su casa justo antes del anochecer.

- Entierre su juego de runas en la tierra. Puede enterrarlas en una sola pila o ponerlas en una bolsa y luego enterrarlas. Podrá desenterrarlas cuando haya pasado al menos una semana.

Por otro lado, también puede realizar una pequeña, pero minuciosa, ceremonia de limpieza. Primero, debe hacer un círculo para ahuyentar cualquier energía negativa, y luego se limpia el espacio y a uno mismo con el humo de un montón de salvia ardiendo. En el medio del círculo, coloque el manto de lanzamiento y las runas para la limpieza.

Bendiga las runas con los elementos. En esta parte, puede elegir lo que tenga significado para usted. Por ejemplo, para el elemento tierra, rocíe sal de roca. Para el elemento aire, puede pasarlas por el humo de la salvia. Para el elemento agua, rocíe agua de lluvia.

Por último, para el elemento fuego, páselas por la llama de una vela roja encendida. Cuando termine con los elementos, sujete cada runa con fuerza en su mano derecha para imbuir cada una de ellas con su espíritu.

Si suele utilizar las runas para guiar a otros, es mejor limpiarlas antes y después de cada uso. Además, es aconsejable volver a potenciar sus runas cada luna llena.

La forma correcta de guardar las runas

Puede guardar su juego de runas en una bolsa, preferiblemente de un material natural. También puede usar cualquier bolsa que le apetezca. Puede colocarlas en una caja de madera.

La mayoría de los lanzadores de runas utilizan mantos de lanzamiento, y es común encontrarlos emparejados con un juego de runas en particular. Si va a utilizar un manto de lanzamiento, es mejor que sea coherente con su color y/o material cuando cambie de manto. De este modo, las runas se adaptarán al manto y viceversa.

Al igual que pasa con las runas, es necesario limpiar con regularidad el objeto en el que se guardan, ya que es su hogar.

Potenciarse a sí mismo

Cuando trabaja continuamente con sus runas, gradualmente aprenderá más sobre el poder de la naturaleza. Comprenderá su lugar en el universo, lo que le permitirá experimentar un desarrollo en todos los aspectos.

La naturaleza le enseña a mantener el equilibrio y a estar en armonía. Al estar en comunión con la naturaleza y los elementos que la componen, no puede evitar sentirse iluminado. También se sentirá fortalecido. Si lo hace regularmente, encontrará una verdadera conexión con el universo.

Aparte de la comunión con la naturaleza, también puede llevar símbolos rúnicos en su cuerpo para fortalecerse. Las runas emiten poderosas vibraciones que pueden servir de protección contra el daño. Atraen sus cualidades específicas hacia su vida. Llevar una runa alrededor del cuello, como un talismán, someterá todo su ser a ella y a todas sus influencias relacionadas.

Cómo consagrar las runas

Si acaba de comprar o hacer un nuevo juego de runas, o ya lo ha estado usando durante un tiempo, entonces debe consagrarlo primero antes de usarlo de nuevo. Además de reenergizar su juego de runas, también hará que sus lecturas sean más uniformes y precisas.

Consagrar significa hacer algo sagrado. Cuando consagra sus runas, las convierte de piedras o baldosas normales en herramientas sagradas para la adivinación.

Lo mejor de las runas es que puede volver a consagrarlas infinitamente. Si se da cuenta de que sus lecturas se han vuelto menos claras o precisas últimamente, entonces tendrá que consagrarlas tan pronto como pueda. También debe hacer la consagración si no ha utilizado sus runas durante mucho tiempo y ya no funcionan como antes.

Una cosa que hay que recordar sobre la consagración de las runas es que usted no solo las está purificando y preparando para su uso, sino que también está creando un vínculo espiritual entre ellas y usted. Esta es la razón por la que no es necesario ser un psíquico para utilizar las runas. Las propias runas servirán de puente entre usted y lo divino.

Si sabe leer los símbolos rúnicos, se convierte en una especie de intérprete de lo divino. Puede utilizarlas para obtener orientación de los otros reinos del universo. Cuando usted las lance y las lea, descubrirá que cuentan una especie de historia. Encontrará patrones y tendencias que podrá utilizar para determinar su próximo curso de acción.

Al consagrar su juego de runas y a usted mismo en el proceso, se está ayudando a sí mismo a abrirse a los mensajes o la historia oculta en las runas. Esto es cierto tanto si las utiliza para sí mismo como si le gusta dar lecturas a otras personas.

Aunque no es necesario ser un psíquico para leer las runas, su percepción aumentará. Aumentará de manera que sabrá las respuestas incluso antes de lanzar sus runas. Cada vez que ocurra, anote todo lo que le venga a la cabeza en relación con la lectura, y compruebe después si confirma alguno de sus pensamientos anteriores.

Ahora, pasemos al proceso de consagración propiamente dicho. Al igual que la limpieza, no hay un único método para consagrar las runas. Si sigue los requisitos básicos, entonces estará bien.

En primer lugar, necesitará humo purificador. La mayoría de los practicantes de la religión pagana nórdica utilizan la salvia, ya que su humo tiene cualidades purificadoras. A algunas personas no les gusta la salvia porque el olor de este humo puede ser abrumador. Si es así para usted, entonces puede utilizar el incienso. Para la consagración, no puede equivocarse si elige el tradicional incienso y mirra.

Pero si no le gustan las fragancias, puede utilizar una vela blanca en su lugar. La luz cálida que desprende la vela también puede servir de catalizador. Para ello, usted podrá elegir el método que más le convenga.

Estos son los pasos básicos para la ceremonia elemental de consagración:

- Encienda el manojo de salvia/incienso y deje que el humo fluya sobre usted y le purifique a usted y al contenedor de sus runas.

- Sostenga sus runas usando la mano no dominante. Manténgala sobre el humo del incienso/salvia o sobre la llama de la vela blanca. Debe estar lo suficientemente alta como para que no sienta dolor.

- Busque la ayuda de su deidad para la protección y proteja sus runas de todo, excepto de las formas más altas de energía.

- Observe cada runa y conéctese con ellas una por una. Imagine que su energía entra en cada una y se convierte en una con ella. Ahora, con su mano no dominante, sujételas todas de nuevo y colóquelas sobre el humo.

Pida a su deidad elegida que las consagre para que pueda utilizarlas para ayudarse a sí mismo y a los demás.

Después de limpiar y consagrar su juego, puede utilizarlo inmediatamente. Cuando no las utilice, guárdelas en una bolsa suave o en una caja forrada para que permanezcan sagradas y seguras.

Capítulo 6: Aettir: La madre, el guerrero y el rey

Según muchos libros académicos y de ocultismo que se centran en las runas, el futhark antiguo consta de tres aettir (aett por su forma singular). Sin embargo, la existencia de los aettir no recibió mucha atención incluso después de que las runas recuperaran su fama, ya que el alfabeto enoquiano carece de una división similar.

Lo único que forma parte de la estructura interna del alfabeto enoquiano es la numerología y el orden alfabético. Estas dos divisiones también se pueden ver en el alfabeto hebreo con una división adicional entre letras simples, madres y dobles. La única vez que se mencionó el uso de los aettir fue cuando sirvieron de base para los sistemas de cifrado, como el de las cartillas y las runas ramificadas.

A pesar de ello, sigue siendo importante entender aettir en lo que respecta a la magia nórdica y la creación de runas. La razón es que desempeña un gran papel, sirviendo de base para la numerología en las runas, que ya es un tema complejo por sí mismo. Sirve como un sistema con algunas implicaciones respecto al uso de las runas. Además de implicar una estructura iniciática, el aettir también refleja la división de la antigua sociedad tribal aria, que consistía en la criadora (madre), el guerrero y el rey (sacerdote).

Las tres divisiones

Como se mencionó anteriormente, el aettir estructura las runas de manera que tienen tres divisiones. Cada división o grupo, llamado aett, tiene exactamente ocho runas. Cada aett tiene el nombre de un dios que coincide con las runas del grupo o familia. Aparte de eso, todos los aettir ocultan enseñanzas específicas de forma individual. Además, observará que cada runa que compone un aett similar está conectada con las demás.

Frey – La madre

Frey es el primer grupo o familia, que simboliza la fertilidad. Es la razón por la que también se clasifica como la madre. Sirve como la fuerza vital junto con la forma en que se demuestra dentro del cuerpo humano. También tiene que ver con el despertar de la conciencia. Como primer aett, Frey significa los primeros pasos que tiene que dar para lograr un futuro iluminado. Esto significa que es algo que usted deberá seguir para alcanzar su meta final.

Heimdall – El guerrero

El dios Heimdall lidera esta segunda división. A veces se le considera el dios del silencio, lo que otros perciben también como meditación sacerdotal. Sin embargo, en esencia, Heimdall puede considerarse un guerrero. Es un guerrero vigilante, capaz de enfrentarse a las luchas y a las adversidades. Es en su vigilancia donde muestra su valor infinito.

Tyr – El rey

Este grupo, que también puede verse como el rey, muestra la relación de las personas con las fuerzas divinas. También engloba el papel que desempeñan en el destino. Este aett también se refiere a la condición humana. Simboliza los aspectos sociales y la transformación espiritual de hombres y mujeres.

Conocerá más sobre estas tres divisiones (aettir) en los capítulos siguientes de este libro.

¿Qué representan las runas del futhark antiguo?

Las tres divisiones mencionadas vienen con su propio conjunto de runas (8 para cada aett, específicamente). Cada aett que forma parte de cada división tiene funciones complementarias. Además, cada una de ellas tiene su propio carácter. Un total de 24 runas del futhark antiguo, cada una de las cuales tiene estos caracteres:

- Símbolo que representa la runa y su significado.

- Nombre exacto de la runa: Esto también significa el significado de la palabra y su valor en forma de letra.

- Energía que compone la runa, que también abarca la razón específica por la que los practicantes de runas la ven como un símbolo vivo.

La energía conectada a cada runa no está quieta y estática. Está en movimiento todo el tiempo. Cambia e incluso evoluciona hacia otras formas. Según la tradición, los nórdicos utilizaban las runas para transmitir información de una generación a otra. Por ello, ya no es sorprendente ver estas runas informando a cualquier persona interesada en la leyenda del cosmos y en la existencia de las energías.

Al entender todas estas energías en un nivel más profundo, también se llega a entender las razones específicas que afectan su vida y de qué manera. Además, recuerde que cada runa representa el conjunto de la energía cósmica que compone todo el aettir. Con ello, es posible que vea estas energías como mapas del tesoro, capaces de mostrarle un camino claro que puede seguir para alcanzar la divinidad.

Una vez que usted obtenga una comprensión completa de las runas y la manera en que puede utilizarlas, indicará que está siguiendo los pasos de Odín. Sigue su búsqueda y su hambre de conocimiento, ya que parece seguir buscando la sabiduría incluso después de convertirse en un dios.

Contradicciones de las runas

Al tratar de reunir información sobre todas las runas para dominarlas, lo más probable es que se dé cuenta de que cada runa viene con polaridades. Por ejemplo, Fehu y Uruz, las dos primeras runas que componen Frey, el primer aett, son ejemplos clásicos de que hay contradicciones. La razón es que mientras Fehu simboliza el fuego, Uruz es un símbolo de hielo.

También se pueden ver las mismas contradicciones dentro de una sola runa. Fehu, por ejemplo, significa riqueza móvil, conocimiento, grandes riquezas y la capacidad de tener éxito en muchas cosas. Fehu también alimenta los celos, la avaricia y la incapacidad de alcanzar los objetivos personales de vez en cuando.

Con estas contradicciones alrededor, es crucial obtener una comprensión completa de la manera específica en que funcionan las polaridades. Esto es importante, especialmente si su objetivo es hacer que las runas trabajen favorablemente para usted a pesar de las contradicciones detectadas. Con su conocimiento y comprensión, podrá aprovechar al máximo las runas, especialmente para enriquecer su vida y la de los demás.

¿Qué se puede esperar de los tres aettir?

Básicamente, el primer aettir es un símbolo de la creación. El segundo tiene que ver con el elemento humano, mientras que el tercero tiene que ver con la consecución de la divinidad. Es en este punto exacto donde se puede esperar que las energías se unifiquen. Lo bueno de cada aettir es que tiene como objetivo concluir favorablemente. Entre los que puede esperar de cada aettir en los extremos:

- Wunjo, que lleva a los practicantes a la edad de oro.
- Sowilo, que significa el sol.

- Othalan, que simboliza el salto que han dado desde un plano regular al siguiente nivel. Esto hará que se inicie de nuevo el proceso circular.

¿Recuerda el momento en que Odín estuvo a punto de morir cuando aún colgaba de las ramas de Yggdrasil? También fue el momento en que se esforzó por pasar deliberadamente de una runa y aett a la siguiente. Este fue el salto que tomó para adquirir todo el conocimiento sagrado y la sabiduría en cada una de ellas.

También es importante saber que todos los aett tienen secciones individuales, en las que se esboza y se aborda toda la información relacionada con cada runa. Esta sección le informa sobre los numerosos métodos que puede utilizar para sacar el máximo provecho de cada runa, especialmente para alcanzar sus objetivos.

Aquí descubrirá patrones energéticos ilimitados que pueden influir enormemente en su personalidad y en sus actividades actuales, así como en su futuro, especialmente si se ciñe a su camino actual. Observe que cada una de sus acciones poseen ondas de energía. Cada acción desarrolla ondas y estimula ciertas reacciones y respuestas que ayudan a equilibrarlas.

En general, es importante mantener el equilibrio adecuado entre las contradicciones de cada runa. Al igual que las acciones pasadas de Odín, es posible para usted volver a lo divino, al aspecto específico de donde vino una vez que trabaje con las energías de las runas y comprenda su sabiduría completamente. Esto es lo que le ayudará a cumplir el ciclo de las runas.

Después de completar un aett, será conducido a uno nuevo con un nivel más alto de comprensión, y este ciclo continuará interminablemente. Nunca hay un final en la búsqueda de más conocimiento. Siempre hay espacio para nuevas experiencias y nuevos niveles de comprensión.

Si usted cree que ya entendió Othala, que es la última letra del futhark, entonces puede estudiar lo que Fehu puede hacer por su vida diaria. Significa que ha comenzado un nuevo ciclo de aprendizaje.

Los tres aetts representan las etapas de un viaje en el que usted, el viajero, tiene que lidiar con lo mundano y lo espiritual, superar los obstáculos que se le presentan, aprender a leer y comprender la información importante, y tomarse un tiempo para descansar y volver a concentrarse antes de volver a empezar. Así son las runas.

Capítulo 7: El aett de Freya

Este capítulo le enseñará todo sobre el primer aett del futhark, que es el aett de Freya. Por cada runa, obtendrá una explicación sobre cómo se pronuncia, su significado, cómo interpretarlas durante la adivinación, y otros datos pertinentes.

Al aprender el alfabeto rúnico, recuerde que cada runa puede tener múltiples significados. Deberá utilizar su intuición para averiguar qué significado se ajusta a las circunstancias de su lectura rúnica. Es necesario que conozca todos los significados, para que pueda recordarlos fácilmente cada vez que haga una lectura para sí mismo o para otra persona.

El primero de los tres aettir pertenece a Freya, que es la diosa nórdica del amor, la belleza y la fertilidad. Este aett maneja todos los aspectos del amor, la felicidad, el placer, la presencia física y las emociones humanas. El aett de Freya también simboliza los nuevos comienzos, la creación y el crecimiento.

Aquí están las primeras ocho runas incluidas en el aett de Freya para que empiece a aprender a leer las runas.

Fehu

Sonido: "f"

Significado: Ganado, Riqueza, Oro

Fehu es la runa que simboliza los nuevos comienzos y el inicio de un nuevo viaje. También se convirtió en la primera letra del futhark. La definición de Fehu del ganado simboliza la riqueza y las posesiones materiales. Si tiene ganado, significa que es rico. La riqueza material también incluye el dinero en todas sus formas. No se trata solo de poseer físicamente el dinero.

Como Fehu es la primera de las letras del alfabeto rúnico, también representa nuevos y frescos comienzos. Otro significado que se puede derivar de la runa Fehu es la buena suerte, la fuerza y la esperanza.

Esta runa también simboliza el fuego cósmico que fluye hacia el hielo cósmico. Con ello, no es de extrañar que pueda ayudarle a poner las cosas en marcha. Fehu simboliza el anillo de fuego que se debe atravesar para descubrir cosas nuevas o buscar misterios.

Lo que ocurre con los nuevos comienzos es que pueden dar bastante miedo. Por lo general, esos comienzos requieren que usted salte a ciegas a un territorio desconocido. En ese caso, puede utilizar a Fehu para ayudarle a dar ese primer paso tan importante.

En los últimos poemas rúnicos, se dice que Fehu conecta con el misterio de la riqueza. Recuerde que el uso de esta runa o de cualquier otra no le hará rico automáticamente. En los poemas, la runa Fehu dice que es necesario hacer circular su riqueza y sus habilidades. También debe repartirlas libremente para atraer más riqueza hacia usted. En pocas palabras, hay que dar riqueza para ganarla.

Para utilizar la runa Fehu, puede elaborar símbolos para la buena suerte, la riqueza y la abundancia. También es útil en los hechizos que pretenden alcanzar objetivos similares. Puede grabar el símbolo de Fehu en un amuleto para fomentar que la riqueza y la fuerza vengan a usted.

Uruz

Sonido: "u" (letra "u")

Significado: Uro, una especie extinta de ganado salvaje del norte de Europa

Uruz simboliza principalmente la fuerza y la vitalidad. Al igual que los bueyes salvajes que esta runa representa, Uruz impartirá fuerza (física y mental) y vitalidad al lanzador.

Puede considerarse a Uruz como la contraparte salvaje y más primitiva de Fehu, simbolizada por los bueyes domesticados. Cuando deambulaban por las llanuras europeas, los uros estaban entre las bestias más rápidas y fuertes de la tierra. Representa la fuerza bruta y el poder primitivo que le permite resistirse a ser domesticado. Uruz también simboliza la libertad. Además, es la fuerza creativa que impulsa los nuevos comienzos.

Uruz representa el instinto y el poder primarios del hombre. También simboliza el éxito que solo se puede obtener mediante el trabajo duro. Uruz simboliza el choque entre dos fuerzas opuestas, el fuego y el hielo. Puede utilizar esta runa para infundir energía curativa a los seres vivos. También puede promover una curación más rápida y eficaz a los enfermos. Aparte de eso, se puede usar en cualquier tarea o situación que requiera cualquier forma de fuerza.

La forma de esta runa proviene de los cuernos de los majestuosos y fuertes uros. En las leyendas y en la vida real, los bueyes son poderosos y, a veces, incluso sagrados. Los bueyes y las vacas proporcionan el sustento. En algunos mitos, también ayudaron a crear el cosmos. Es la razón por la que los bueyes, en relación con Uruz, se asocian con la fuerza y la vitalidad.

Si se coloca la runa Uruz en objetos, se puede utilizar para reforzar la magia defensiva. Mucha gente cuelga una herradura sobre la puerta de entrada de las casas para obtener protección y buena suerte. La razón principal es que se parece a la runa Uruz.

Puede utilizar la runa Uruz en aquellos momentos en los que necesite reforzar o aumentar su fuerza. Un caso es el de emprender nuevos proyectos o cuando necesite aumentar su creatividad.

Thurisaz

Sonido: "d" (corresponde al sonido más que a las letras)

Significado: Esta runa representa al dios Thor, ya que es el protector de los Aesir. También puede representar a los gigantes y su resistencia.

Los practicantes de la religión pagana creen que esta runa simboliza la voluntad humana y la resistencia contra las agresiones físicas y mentales. Por ello, Thurisaz se ha convertido en una de las runas más populares entre los practicantes de la religión pagana.

Según los expertos, la definición de Thurisaz tiene que ver con la defensa pasiva o la protección contra el peligro y las energías negativas. Piense en cómo las espinas protegen al rosal. El rosal no necesita hacer nada para evitar que los animales y las personas se acerquen demasiado. Las espinas le proporcionarán una protección más que suficiente.

Thurisaz también puede significar la transformación o el proceso de desechar lo que ya no le sirve para poder hacer sitio a otras cosas positivas que puedan llegar a usted. Es un símbolo de los cambios bruscos o de los escenarios en los que debe tomar una decisión importante.

Thurisaz es la runa de Thor, por lo que representa la fuerza y la voluntad. La energía de esta runa es una fuerza reactiva. Simboliza el camino de la acción pura y la voluntad impenetrable. Es la acción que se planifica, que es como un escudo impulsivo que se levanta instantáneamente para proteger su mente de los ataques. Se puede utilizar para protegerse de las invasiones mentales, incluidas las maldiciones peligrosas.

También se dice que Thurisaz representa la aguja envenenada que supuestamente puso a la bella durmiente bajo un sueño eterno. Puede usar Thurisaz para provocar el sueño o despertar a alguien de un sueño místico.

Como probablemente ya sabrá, puede grabar esta runa en sellos y amuletos que proporcionan protección. Aparte de la protección, puede utilizarla como guía a la hora de tomar decisiones importantes que puedan cambiar su vida.

Ansuz

Sonido: "ah" (a)

Significado: Esta runa simboliza lo divino, concretamente los aesir y otras deidades.

Los practicantes de la religión pagana nórdica creen que Ansuz es la runa de la mente y la conciencia. También se le llama la runa de Odín. Representa todo lo relacionado con la comunicación y la sabiduría. Aparte de eso, simboliza básicamente cualquier cosa que tenga que ver con las palabras. Tanto si desea pedir consejo, como si desea recibir ayuda para estudiar para los próximos exámenes (sobre todo los verbales) o conectar con su voz interior, descubrirá que todo ello, y probablemente más, cae bajo la runa Ansuz.

Si quiere fortalecer otras runas, Ansuz es la que necesita. También se puede utilizar para limitar los poderes de las runas. Además, es la que se asocia a las herramientas utilizadas para el pensamiento y la memoria.

Esta runa está relacionada con la inspiración y, por asociación, con las artes. Es la razón por la que se suele encontrar esta runa inscrita o en filigrana en cuadernos de dibujo, escritorios, pergaminos, plumas y cualquier cosa relacionada con la escritura y el dibujo.

En cuanto a la forma en que puede utilizar esta runa, uno de los casos es cuando necesite ayuda para comunicarse con los demás. Esta runa también le será útil para tomar decisiones efectivas y para asegurarse de que puede hacer adivinaciones con facilidad.

Raido

Sonido: "r"

Significado: Raido representa el viaje de una cabalgata, en particular de un carro. También se le llama la runa del orden y la corrección.

Raido simboliza cualquier tipo de viaje, recorrido en general, o incluso un medio de transporte/vehículo. El tipo de viaje no importa. Tanto si se trata de transportarse físicamente de un lugar a otro como de experimentar un viaje espiritual o emocional, la runa Raido lo simboliza todo.

Consultar esta runa le mostrará las diferentes opciones que puede tomar para llegar a su destino. También puede consultarla cuando necesite consejo sobre lo que debe hacer para cumplir los objetivos que se ha fijado. Aparte de eso, esta runa puede significar su necesidad de decidir sobre algo importante y fuera de lo común.

Raido también representa un buen consejo, que le llevará por el camino correcto. Puede encontrar este camino correcto cuando piensa racionalmente, considerando su situación, y sopesando sus posibles cursos de acción dependiendo tanto de la razón como de su tradición. Por ello, muchos miembros de la realeza y funcionarios públicos elegidos suelen llevar ropas con esta runa inscrita.

Los practicantes paganos nórdicos también utilizan Raido en los rituales para asegurarse de que no se cometan errores durante el evento. También pueden inscribir la runa en el suelo donde con frecuencia se realizan sus lecturas, ya que minimizará, si no eliminará, las posibilidades de cometer errores.

Además, Raido es valiosa para mantener el ritmo. Si es músico o intérprete y el ritmo es imprescindible, esta runa puede ayudarle a seguir el ritmo.

Puede incorporarla en amuletos o en algún encantamiento para protegerse durante sus viajes. Puede ayudarle a tomar decisiones importantes que le permitan llevar su vida en la dirección correcta.

Kenaz

Sonido: "k"

Significado: Kenaz representa la antorcha, más concretamente, la luz que emana de ella.

Cuando se sienta turbado porque cree que nada va bien y quiera cambiar el curso de su destino, Kenaz puede ayudarle iluminando el camino que tiene por delante. Con su luz, podrá ver hacia dónde tiene que ir. Según los practicantes, Kenaz es la runa responsable de todos los aspectos y formas de creatividad.

Cada vez que una buena idea aparece en su cabeza, es como si se encendiera una bombilla para despejar su mente de todo. Kenaz es la responsable de ese repentino estallido de inspiración que acaba de tener. La razón es que esta runa tiene que ver con la claridad, la iluminación, el descubrimiento y el conocimiento.

También puede relacionar esta runa con el elemento fuego, ya que puede iluminar el camino frente a usted. Además, puede destruir los obstáculos en su camino o despejar el camino para que usted vea aún más opciones por tomar en su viaje.

Kenaz es como una antorcha que le conducirá hacia el desbloqueo de su creatividad y autoconocimiento. La luz de esta runa le permite centrarse en su trabajo personal. Le anima a convertirse en su propio ser, para distinguirse del resto de la multitud.

La luz de Kenaz puede hacer que experimente una especie de despertar interno, lo que se traduce en un crecimiento personal. Esta runa le ayudará a saber cómo crear algo a partir de la naturaleza o inspirado en ella.

Por ejemplo, puede tallar este símbolo en el tronco de un árbol. Obligará al árbol a crecer con la forma que el lanzador de la runa desee. También puede proporcionarle una madera más fuerte para cualquier uso que planee darle.

Si es un artista, puede aplicar esta runa a todas sus creaciones. Por ejemplo, si es pintor, preparar una capa base con la runa Kenaz pintada en ella le ayudará a guiar las pinceladas. De este modo, se ajustará a lo que desea transmitir en su pintura.

Si usted está cocinando, remover la olla con la forma de Kenaz puede ayudarle a pensar en ese ingrediente inusual que dará a su plato el sabor perfecto. Crear amuletos grabados con Kenaz también ayudará a atraer fuerzas externas para aumentar su fuerza, poder y creatividad a niveles superiores. También puede utilizar esta runa siempre que quiera mejorar su perspicacia, lo que le permitirá tener ideas brillantes para sus creaciones.

Gebo

Sonido: "g"

Significado: La runa Gebo simboliza el don del proceso de dar a los demás. Representa la relación entre el dador y el receptor.

Gebo es la runa de la hospitalidad, de la entrega y, sobre todo, del sacrificio. Aunque Gebo es el símbolo de un regalo, no se trata del objeto en sí. Se trata más bien del punto de encuentro entre la persona que lo da y la que lo va a recibir. Gebo habla de las asociaciones entre individuos. También habla del honor, el compromiso y la hospitalidad.

Gebo influye en que se sacrifique por sus semejantes siempre que necesiten ayuda. Le ayuda a ser más capaz de cumplir sus promesas. Evita que se retracte de sus palabras, tanto si es a un amigo como si se refiere a una transacción comercial. Pero también puede utilizar Gebo para hacer que otros se sacrifiquen por su bien, pero sepa que a menudo se volverá en su contra.

Además, esta runa puede simbolizar la fuerza del intercambio de votos entre dos personas, como en un matrimonio. El intercambio de regalos entre la pareja casada aporta alegría a ambos participantes. Esta alegría aumenta exponencialmente cuando los regalos tienen la inscripción Gebo en su interior. Esta runa aumentará las posibilidades de una unión exitosa llena de salud y confianza entre ambos.

Los amuletos y las runas inscritas con la runa Gebo atraen eficazmente y favorecen la propagación de la armonía entre las personas.

Wunjo

Sonido: "v" o "w"

Significado: La última runa del aett de Freya, Wunjo, simboliza la alegría y la felicidad. Fomenta la felicidad y la satisfacción de las personas.

Con ese simbolismo, no es de extrañar que se diga que Wunjo es también la runa de la armonía, la alegría y la curación holística. Lanzar esta runa indica suerte y éxito en sus esfuerzos. También representa la felicidad personal y las relaciones amistosas con los demás. Si está pasando por momentos difíciles en su vida, lanzar esta runa durante sus lecturas es una buena señal de que las cosas buenas están destinadas a suceder.

Dado que Wunjo está relacionada con la felicidad y la dicha, es una runa muy útil cuando se utiliza en artículos como los envoltorios de los regalos o los mismos regalos. También puede utilizarse cuando se cocina para uno mismo y para los demás. Solo tendrá que remover la olla con la forma de la runa y esta impregnará su plato con su influencia.

Si tiene que dirigir a un grupo de personas o ser el jefe de su hogar, la runa Wunjo puede ayudarle en su tarea. Esto es evidente por el número de grupos organizados, como equipos deportivos, escuelas y clubes que utilizan la runa para decorar los marcos de sus puertas, la decoración de sus paredes, etc.

Cuando se trata de un grupo de personas con diferentes ideologías y creencias, se necesitará mucho trabajo para mantenerlos en armonía. Utilizar el poder de Wunjo hará que esta tarea aparentemente difícil sea más llevadera. Otro uso famoso de esta runa es como decoración para colgar sobre el marco de la puerta de entrada. El símbolo de Wunjo le ayudará a atraer la felicidad y el éxito a su hogar.

Capítulo 8: Aett de Heimdall

Heimdall es el vigilante de los dioses. Su tarea consiste en vigilar la entrada a Asgard, que es el puente del arco iris, Bifrost. Heimdall es un guerrero siempre vigilante, y aunque es el único guardián de Asgard ante los invasores, no vacila. De hecho, muestra un valor inagotable. Tiene oídos y ojos agudos, y espera pacientemente el momento en que pueda tocar su cuerno y señalar el comienzo del Ragnarok, que es el fin del mundo.

El segundo aett del futhark es el de Heimdall, y trata de los conceptos de conflicto y realización de cambios. La primera runa de este conjunto, Hagalaz, está asociada a Heimdall.

Hagalaz

Sonido: "h"

Es la primera letra del aett de Heimdall. Además de ser el símbolo rúnico de dicho dios, también es el del granizo o las piedras de granizo, que también significa destrucción. Esta runa representa cómo nuestra necesidad o deseo de algo puede restringirnos. Restringe nuestras posibilidades, pero también contiene el poder que necesitamos para liberarnos de esas restricciones.

Hagalaz es una de las pocas runas que tratan casi exclusivamente de la destrucción. También es la runa del granizo, ya que provoca graves daños y destrucción natural. Sin embargo, no todos los tipos de destrucción son inherentemente malos o negativos. A veces, habrá que derribar las cosas viejas y no útiles para dar paso a las nuevas.

Por ejemplo, las tormentas o las ventiscas deben arrancar las ramas muertas de un árbol para que pueda crecer lo nuevo en su lugar. Además, las ramas y hojas muertas servirán de abono para el árbol y las demás plantas que lo rodean, por lo que crecerán con más fuerza.

Si usted recibe la tirada de Hagalaz en una lectura, significa que debe dejar ir las cosas de su pasado que pueden estar impidiéndole avanzar. Es como la nostalgia excesiva, que le impide hacer cambios en las cosas a las que está acostumbrado, aunque se beneficie enormemente de sus resultados. Una buena manera de utilizar esta runa es hacerla parte de una protección contra los desastres naturales o el mal tiempo.

Naudhiz

Sonido: "n"

Naudhiz es la runa de la necesidad. Puede tratarse de regalos materiales o de cualquier cosa intangible. Algunos también la llaman la runa de la urgencia, denotando que el cambio es necesario y que todos lo necesitarán pronto. El concepto clave de esta runa es que está próximo el momento en que usted tiene que equilibrar las cosas en su vida. Debe limpiarse y armonizarse con el universo una vez más.

Naudhiz es la representación de cómo las propias necesidades y deseos de las personas sirven como factores limitantes para su crecimiento. Sin embargo, también sirven como el poder que las mismas personas necesitan utilizar para liberarse de sus limitaciones. Todo depende de cómo se utilice.

Esta runa significa la necesidad de cortar las cosas en su vida que le retienen y le impiden crecer como persona. Cuando esta runa aparece en una lectura, es crucial llegar a lo más profundo de su ser y preguntarse sobre las cosas específicas que cree que debe dejar ir.

Naudhiz también significa utilizar su pensamiento imparcial al tomar grandes decisiones en la vida. Puede requerir que deje de lado sus prejuicios personales y mire la situación a simple vista para poder tomar una buena decisión. Es la mejor runa para usar cuando se adivina la pareja perfecta. Además, es ideal para la transformación espiritual y física que llevará al equilibrio perfecto.

Isa

Sonido: "ai"

Como runa del hielo, Isa denota el estancamiento que ciega o impide a las personas avanzar. Son los escollos psicológicos que impiden pensar o actuar. La runa le dice que se vuelva hacia su interior y examine el significado de su existencia.

Otro significado que puede derivarse de la runa Isa es la resolución de conflictos, que denota la necesidad de arreglar las relaciones y/o aclarar los malentendidos para avanzar en la vida. También puede interpretar Isa como conservación y autopreservación. Indica que debe mirar dentro de sí mismo para descubrir qué está haciendo que podría limitar su crecimiento. Dice que primero deberá ayudarse a sí mismo antes de poder hacerlo con los demás.

Debido a que Isa denota conservación, es bueno usar este símbolo en su comida enlatada o cualquier otra reserva que haya guardado para más adelante. La runa ayudará a impedir su proceso de caducidad, dándoles así una mayor vida útil. También puede grabar esta runa en las puertas de sus armarios para atraer una energía similar.

Jera

Sonido: se pronuncia como la "y"

Jera se refiere a la runa de la cosecha. También es la runa que denota el ciclo de la vida. El concepto clave incluye la abundancia. Solo cuando llega la época de la cosecha, todos los hogares tienen abundancia de alimentos.

Jera representa el paso del tiempo. Es el símbolo del ciclo de las estaciones y de cómo se repite siempre sin falta. Con la finalización de un ciclo llega el crecimiento, la fructificación de los planes que has puesto en marcha, el progreso y su crecimiento como persona.

Sin embargo, Jera también tiene algunos aspectos negativos. Por ejemplo, significa que debe esperar una retribución por cualquier mala acción que haya realizado en el pasado. La razón es que todo vuelve siempre a cerrar el círculo. También simboliza la repetición de comportamientos negativos que deberá eliminar en cuanto pueda.

Si en la lectura aparece Jera, significa también que verá los resultados de sus esfuerzos anteriores. Puede estar diciéndole que obtendrá ese ascenso por el que ha estado trabajando duro o que finalmente pagará sus préstamos.

Si va a utilizar la runa, puede tallarla en los postes de la valla de su jardín. Al hacerlo, será bendecido con cosechas abundantes y protegerá sus plantas de las enfermedades y la sequía.

Eihwaz

Sonido: "ei"

Esta runa simboliza el tejo. También se llama la runa de la resistencia. Al igual que el tejo, se espera que sea más duradera cuanto más tiempo se mantenga en pie. Puede afectar a asuntos que requieren el uso de una fuerza constante.

Puede leerse Eihwaz como una cualidad de resistencia máxima que no flaquea ni siquiera cuando se enfrenta a la adversidad. También puede leerse como fiabilidad. Es como alguien que estará dispuesto a ayudarle incluso a su costa.

Eihwaz también indica que es usted lo suficientemente resistente; ve los obstáculos en su camino como peldaños para alcanzar su meta. Sabe cómo fallar en el camino. También es lo suficientemente paciente como para saber lo importante que es esperar el momento adecuado para dar el paso. Esto significa que no hace juicios precipitados.

Sin embargo, el uso de esta runa tiene un lado negativo, y es que puede que se enfrente a mucha confusión. La razón es que no entenderá lo que debe hacer a continuación. También podría significar insatisfacción, lo que puede impedir que se sienta feliz con los resultados de sus tareas.

Como Eihwaz es la runa de la resistencia, lo mejor es tallar este símbolo en los mangos de las herramientas que piense utilizar durante muchos años. También puede convertirla en un accesorio para llevar durante la fabricación de sus runas. Puede ayudar a garantizar que las que fabrique pasen la prueba del tiempo.

Pertho

Sonido: "p"

La runa Pertho simboliza el cubilete de los dados. Representa un cubilete inclinado de lado, derramando los dados que contiene y liberando la suerte (o la falta de ella) que contiene.

También se le llama la runa del juego y de la toma de riesgos. También es más conocida como la runa del misterio. Básicamente abarca todo lo que es desconocido en el reino del hombre y la emoción de lanzarse a una nueva empresa.

También es la runa que representa muchos secretos. Pertho simboliza las incertidumbres y los misterios de la vida. También simboliza el libre albedrío del hombre mortal y las restricciones que conlleva.

Sin embargo, esta runa tiene efectos negativos. Entre estos efectos negativos están los delirios de grandeza, el fracaso de los riesgos asumidos y, en general, todos los poderes que escapan al control del hombre. Esta runa también puede llevar a la sobreindulgencia en el juego y a los delirios de ganar la siguiente mano cada vez.

Para utilizar Pertho fuera de la adivinación, se puede coser en la cartera o el bolso del jugador. También puede ponerlo en su logotipo si va a iniciar un nuevo negocio. Puede aprovechar la influencia de Pertho en cualquier cosa que tenga que ver con asumir riesgos o probar cosas nuevas.

Algiz /Elhaz

Sonido: "zz"

También conocida como la runa de la protección, Algiz representa al alce. Tiene un diseño de tres puntas, que simboliza la cornamenta del ciervo. Esta runa representa el impulso repentino de querer protegerse a uno mismo o a los demás del peligro. También significa alejar el mal y la desgracia.

Tiene un gran poder de contención, alta defensa y protección. Si aparece durante la sesión de lanzamiento, entonces es posible que necesite protección pronto. Tal vez alguien que conozca pueda beneficiarse de su protección.

Otra definición que puede encontrar en Algiz es la comunicación que viene del reino espiritual. Es como si alguien cercano a usted que ha estado ausente durante algún tiempo está tratando de hablar con usted o enviarle una señal.

Si obtiene una lectura invertida de Algiz, es muy probable que haya peligro acechando en la oscuridad, o que una fuerza siniestra le esté alejando de la protección que busca. También puede indicar que alguien le dará la espalda a quien necesita ayuda. No se sabe de qué lado estará.

Antiguamente, los guerreros grababan la runa Algiz en sus escudos para protegerse. Sin embargo, en estos tiempos modernos, en los que el uso de espadas y escudos está pasado de moda, solo hay que tatuarse la runa en el brazo que lleva el escudo. Es su brazo no dominante, y le proporcionará la misma forma de protección.

Sowulo/Sowilu

Sonido: "s"

Es la última runa del aett de Heimdall, que representa el sol. Muchos practicantes también la llaman la runa del poder. Desgraciadamente, también fue el origen del infame símbolo de la esvástica de los nazis. La definición de esta runa puede ampliarse para incluir la claridad de pensamiento, el poder, la masculinidad y la victoria.

Si busca la ayuda de esta runa, está pidiendo la capacidad de ver con la máxima claridad. Sería como si el sol brillara con su luz en la oscuridad para exponer todo lo que antes se escondía en las sombras. Esta runa también puede brindarle orientación siempre que se encuentre figurativamente en la oscuridad sin saber qué acción debe tomar para avanzar.

Otras lecturas que puede extraer de la runa Sowulo son la buena salud, el optimismo y la confianza, entre otras muchas cosas positivas. Básicamente, si esta runa aparece durante su sesión de lanzamiento de runas, puede esperar de alguna manera que vengan cosas buenas.

Sin embargo, cuando sale el revés la runa Sowulo, puede esperar cosas negativas como cambios repentinos e inesperados que pueden alterar todos sus planes cuidadosamente trazados. También puede suponer el riesgo de experimentar un falso éxito, de no alcanzar la meta que se ha propuesto o de recibir un mal consejo que, desgraciadamente, tendrá que seguir.

Históricamente, la runa Sowulo se inscribía en piedras que glorificaban a los soldados caídos. También puede utilizarse como signo para glorificar a Thor. Esta runa puede grabarse en un amuleto siempre que necesite más valor para enfrentarse la adversidad.

Capítulo 9: Aett de Tyr

El dios Tyr representa la protección y la victoria total. También es el símbolo de la justicia cósmica y de todo lo que se relaciona con la política en materia de gobierno. Este aett se ocupa del intelecto, el crecimiento espiritual y la comprensión sin juicio.

Si durante una sesión de lanzamiento obtiene la mayoría de las runas pertenecientes al aett de Tyr, podría indicar que está demasiado inactivo en la consecución de sus objetivos. Puede ser que esté pensando demasiado en sus movimientos, o que no esté centrado porque todavía no está seguro de lo que quiere.

Tir/Teiwaz

Sonido: "t"

La primera runa del aett de Tyr lleva casualmente el nombre del propio dios o al menos una versión de su nombre. Representa la victoria y la justicia, al igual que la deidad. También se llama la runa del creador.

Al igual que Sowilo, al lanzar Tir normalmente se promete el éxito en el esfuerzo, pero puede requerir que usted haga un sacrificio personal. El hecho de que realice un sacrificio o no será el catalizador de su éxito. Esta runa también funciona bien cuando surgen problemas legales, pero solo si usted tiene la razón.

Al igual que ocurre con el aett de Heimdall, el aett de Tyr comienza con una pérdida. Sin embargo, es un sacrificio que hará voluntariamente. A diferencia del granizo enviado por los dioses, la pérdida que sufrirá al comienzo del tercer aett está bajo su control. Se puede pasar sin el sacrificio indicado, pero será difícil.

Sin embargo, para obtener los beneficios de la runa continua, deberá hacer ese sacrificio. Al igual que cuando Tyr tuvo que sacrificar una de sus manos para poder encadenar a Fenrir, el gigantesco y poderoso lobo que se decía que traería el Ragnarok.

Cuando se obtiene una tirada invertida de Tir, las consecuencias incluyen la pérdida de confianza en uno mismo, el convertirse en una persona indigna de confianza a los ojos de sus compañeros y la cobardía. En otras palabras, se convierte en el tipo de persona que es débil, no solo físicamente sino también mentalmente y emocionalmente.

Como se ha mencionado anteriormente, esta runa puede ayudarle a inclinar el favor del juez hacia su lado, por lo que debe tallar su símbolo en un pequeño trozo de madera. Debe ser lo suficientemente pequeño como para caber en su bolsillo. Luego deberá llevarla consigo al tribunal.

Berkana/Bercano

ᛒ

Sonido: "b"

Esta runa representa el árbol del abedul. Representa un nuevo comienzo, como un abedul que cobra vida a partir de un árbol similar desde una semilla enterrada en la tierra. Berkana representa la fertilidad y el tener un hogar en completa paz y armonía. Si está planeando tener un nuevo miembro en su familia, puede esforzarse por obtener la bendición de esta runa.

También es la runa perfecta cuando se trata de ocultar y mantener un secreto. Si tiene algo privado y desea mantenerlo así, puede encontrar útil el poder de Berkana. La razón es que le impide a usted o a cualquier otra persona divulgar su secreto alrededor para que todo el mundo lo vea.

Berkana está orientado principalmente hacia lo femenino. Sin embargo, notará que se parece a un par de pechos. Es una runa de nutrición, lo que indica que está orientada hacia la feminidad. Puede esperar la curación tanto en lo físico como en lo espiritual.

Cuando se lanza en sentido contrario, Berkana puede generar secretismo en todos los miembros de la casa, inmadurez y lujuria en lugar de fertilidad. En el peor de los casos, Berkana invertida también puede significar abandono.

Para utilizar esta runa, puede tallarla en el pilar de la cama de una pareja que intenta concebir. También le resultará útil cuando se coloque en los establos donde se espera que el ganado tenga sus crías.

Ehwaz

Sonido: "e"

Ehwaz representa a los dioses gemelos, los Alcis. A menudo se puede representar como dos hermanos a caballo y unidos por una viga de madera. Esta viga simboliza la fuerte asociación entre los hermanos gemelos. Significa que uno no puede moverse sin la cooperación del otro.

La runa Ehwaz es el símbolo nórdico del caballo, que representa la asociación. Como tal, se refiere a todo lo que concierne a las asociaciones, como el matrimonio, las relaciones y los negocios. Apelar a esta runa reforzará los lazos entre los socios.

Lanzar esta runa también significa un nuevo viaje. Por ejemplo, es posible que pronto deba cambiar de trabajo o que descubra que tendrá que mudarse a una nueva casa debido a un traslado de trabajo. Al igual que la runa Tir, Ehwaz significa un nuevo comienzo, pero puede implicar renunciar a algo a cambio.

Otro significado que se puede predecir al lanzar Ehwaz es el de seguir el flujo natural de una labor que se tiene entre manos. Significa aprender a trabajar bien con los demás en lugar de chocar constantemente. También indica aprender a depender de los demás, haciendo posible que logre todas sus tareas.

La inversión de esta runa puede denotar un par de cosas negativas, como la traición y la precipitación imprudente en la realización de sus tareas, que a menudo acaba en desastre. También podría significar la ruptura de relaciones de pareja estables.

En las uniones neopaganas, la pareja se pinta la runa Ehwaz en las manos como símbolo de su asociación eterna. También lo hacen como prueba de confianza y lealtad hacia el otro. Además, puede grabar esta runa en una placa y colgarla sobre su cabecera.

Mannaz

Sonido: "m"

Es la runa que simboliza a la humanidad. Puede representar a su raza o solo a usted, el individuo. Esta runa es increíblemente especial. Puede aplicarse a situaciones y propósitos de carácter social. También ayuda a fortalecer los lazos entre los miembros de un grupo y a desarrollar una mente racional para hacer frente a las disputas.

Lanzar Mannaz significa someterse a un autoanálisis y a una reflexión interior. Si se encuentra atascado en una tarea y no consigue averiguar qué debe hacer para avanzar, puede lanzarla con la esperanza de encontrar las respuestas a sus preguntas.

Mannaz también puede indicar la necesidad de trabajar en su reputación personal y en su don como persona. Lanzar Mannaz cuando tiene problemas para trabajar con otras personas puede representar su deseo de mejorarse a sí mismo en lugar de intentar encontrar fallos en los demás miembros de su grupo. Por otro lado, también puede significar que usted y su equipo tienen un fuerte vínculo entre sí, y que no hay nada que no puedan hacer cuando trabajan juntos.

Ahora bien, cuando Mannaz aparece en sentido inverso, puede significar que habrá un pequeño problema que se exagerará, afectando negativamente a su asociación. También hay casos en los que significa que está saboteando involuntariamente su relación y que su vínculo se está debilitando día a día.

Hará bien en grabar este símbolo en su mesa, ya que es el lugar donde usted y su familia suelen discutir los asuntos familiares. Amplificará el vínculo que usted y su familia comparten, dando lugar a discusiones productivas.

Laguz

Sonido: "l"

Esta runa representa el elemento agua y su naturaleza fluida. Simboliza la fuerza del agua y su capacidad de seguir el camino de menor resistencia cuando fluye. Laguz también simboliza el pensamiento humano y la necesidad de utilizarlo para el bien.

Cuando obtiene Laguz de su lanzamiento de runas, una forma de leerlo es un puerto seguro o un lugar que le ofrece santuario de toda la negatividad del mundo. También es posible que ni siquiera sea un lugar. Puede simbolizar una pareja que le apoya o una relación armoniosa con la que puede contar cuando tiene problemas.

Lanzar Laguz también indica que ha acertado al seguir su intuición en cualquiera de sus tareas. Al igual que la corriente de agua, dejó que su intuición le guiara hacia el camino correcto. No necesitó pensar demasiado ni idear sus propios obstáculos. Laguz significa que debe dejar que su mente inconsciente se haga cargo de vez en cuando, ya que puede llegar a una idea mejor.

Por otro lado, Laguz colocado en posición invertida puede indicar que es manipulado emocionalmente, ya sea por otra persona cercana a usted o incluso por usted mismo. Esto podría ocurrir cuando se le ocurren excusas para no hacer algo que se supone que le beneficiará a largo plazo.

Tallar esta runa en un amuleto o algo similar puede ayudar a que sus habilidades mentales sigan progresando. Significa que puede aprender aún más. Otro beneficio de contar con la runa Laguz es que puede mejorar su intuición, lo que le permitirá tomar mejores decisiones.

Inguz/Ing

Sonido: "ng" como en la palabra "bang"

Inguz es la runa de la sexualidad, lo que significa que tiene poder sobre la atracción física hacia los demás y, en última instancia, sobre el sexo. Esta runa influye en el sexo, pero Inguz solo se ocupa del acto en términos de reproducción y fertilidad.

Lanzar Inguz también significa tener la capacidad de extender su energía tan lejos como quiera. Le permite influir en más personas o proporcionar protección a más individuos. Sin embargo, para utilizar correctamente el poder de Inguz, es importante acumular su energía durante un tiempo. Una vez que se alcanza un determinado nivel, se libera de golpe.

Durante una lectura, obtener Inguz también puede indicar la necesidad de utilizar más su sentido común durante la toma de decisiones si tiende a seguir lo que hacen todos los demás a su alrededor sin tener en cuenta lo que podría ocurrirle a usted. La aparición de esta runa puede ayudarle a averiguar si tiene que dar un paso atrás y utilizar su sentido común para darse cuenta de que está en el camino equivocado.

No hay mucho de qué preocuparse si aparece una runa Inguz invertida durante su lanzamiento, ya que normalmente se trata de inconvenientes menores como la lujuria y la inmadurez. Sin embargo, también puede significar una disminución de la libido o la infertilidad.

Puede utilizar Inguz de muchas maneras además de en el lanzamiento de runas. Por ejemplo, puede grabar el símbolo en un trozo de madera lo suficientemente pequeño como para guardarlo en su bolsillo. Aumentará sus posibilidades de atraer a una pareja. También puede grabar esta runa en el poste de su cama para mejorar su vida sexual.

Dagaz

Sonido: "d"

Dagaz, también conocida como la runa de la transformación, representa una gran transformación, que puede ser de tipo espiritual, mental o social. También llamada la runa del amanecer, significa el cambio entre la noche y el día, que es vasto, por decir poco. Si está buscando orientación cuando tiene que tomar una decisión importante, Dagaz es una de las runas que pueden ayudarle.

Lanzar Dagaz también denota la necesidad de reconsiderar su circunstancia actual y si necesita hacer un cambio drástico. Significa que se está cuestionando si su decisión es correcta o no.

Otro significado que puede obtener de Dagaz durante una tirada es la estabilidad entre fuerzas opuestas, como la luz y la oscuridad. Está recibiendo pistas sobre si necesita ciertamente ajustarse para alcanzar el equilibrio en su vida.

Lo bueno de esta runa es que rara vez tiene consecuencias inversas. Sin embargo, si la runa Dagaz se rodea de runas opuestas e invertidas, podría significar que debe mirar hacia adelante. También es posible que deba dejar de pensar demasiado en el pasado.

Como Dagaz es la runa de la transformación, funcionará bien cuando se grabe en las puertas de una escuela o cualquier otra institución de aprendizaje. Es más, se puede encontrar en los centros de rehabilitación, ya que los que se registran quieren transformarse en una versión mucho mejor de sí mismos.

Othala/Othila

Sonido: "o" como en "viejo"

Othala es la runa de la lealtad, que representa la lealtad a la familia, al clan, a la tribu, al país o incluso a una causa/creencia. Al igual que Fehu, Othala simboliza la riqueza. Sin embargo, a diferencia de Fehu, la riqueza de Othala es intangible. Esta riqueza es la familia, la cultura, el patrimonio y las amistades. Othala representa una especie de encierro y una forma de mantener el statu quo.

La aparición de esta runa durante una lectura suele connotar cuestiones relacionadas con el derecho de nacimiento de sus antepasados. Por ejemplo, puede haber algo importante en su ciudad natal sobre lo que haría bien en informarse.

Esta runa también puede significar algo relacionado con su familia inmediata. Por ejemplo, un hermano suyo puede querer reconectarse después de muchos años sin hablarse. Otro significado puede ser que su país o su cultura le pidan que brinde sus habilidades, como por ejemplo que se aliste en el ejército. También es posible que pronto tenga que trabajar para proteger su patrimonio.

Ahora bien, el mayor efecto adverso de esta runa es el desarrollo del racismo, el fanatismo y la xenofobia en general. Un caso desafortunado del uso de esta runa fue durante la Segunda Guerra Mundial cuando Othala fue grabada en los cuchillos entregados a los miembros de las Juventudes Hitlerianas. Si desea utilizar esta runa para obtener su energía, tiene que hacerlo ayudado por algo relacionado con asuntos familiares, como el escudo de su familia.

Memorización de las runas futhark

Ahora que ha aprendido sobre los tres aettir y las runas que contienen, puede que se sienta algo abrumado por lo poco familiar que le resultan. Es comprensible, ya que básicamente está tratando de aprender un nuevo alfabeto.

Sin embargo, hay mecanismos mnemotécnicos que puede utilizar para facilitar la incorporación de las runas futhark en su memoria. Una de las mejores y más fáciles maneras de hacerlo es asociar el símbolo con sus significados básicos.

Primero, abordemos las primeras ocho runas del aett de Freya.

- **Fehu** – Esta runa significa ganado, lo que connota riqueza móvil. Tiene dos líneas que sobresalen de una línea vertical, más o menos como los cuernos de una vaca. Además, esta runa se parece a la letra "F", que representa.

- **Uruz** – Significa "uro", un buey salvaje extinto que solía vivir en partes de Europa. Uruz representa el poder primitivo, y parece una "U" al revés. Se parece mucho al perfil de un bisonte o de cualquier otro gran mamífero terrestre.

- **Thurisaz** – Significa espina o thurs (gigante), y representa el peligro. Se parece a una espina. Imagine un tallo con una sola espina que sobresale por un lado. También representa el sonido "d".

- **Ansuz** – Significa como (un dios), concretamente Odín. También representa el dominio de Odín, que es la comunicación. Esta runa se parece a la letra "A". Para recordarla con facilidad, solo hay que asociarla con la palabra respuesta. Por coincidencia, Ansuz también representa la letra "a".

- **Raido** – Esta es la runa asociada a los viajes. Puede significar montar en un vehículo para llegar a su destino. Además, se parece a la letra "R", que también representa.

- **Kenaz** – Esta runa significa antorcha, que es un símbolo de iluminación y conocimiento. Imagine un haz de luz procedente de una linterna, que parte de un pequeño punto y se irradia hacia el exterior. Esta runa también se parece a la letra "C", y representa el sonido de la "c" o "k".

- **Gebo** – Significa regalo y tiene connotaciones relativas a las relaciones y la hospitalidad. Se parece a la letra "X" y es similar al lazo de un regalo.

- **Wunjo** – Esta runa significa alegría, y tiene el aspecto de un banderín, de los que se agitan cuando su equipo deportivo favorito va hacia la victoria el partido. A propósito de victoria, esta runa es la unión de dos letras v en una "w", que es la letra que representa esta runa.

Estas son las primeras ocho letras del futhark. Para recordar este orden de las runas, se debe recitar "el futhark es un regalo de alegría". Las seis primeras deletrean futhark, mientras que regalo y alegría son los significados de las dos últimas (gebo y wunjo).

Pasemos ahora a las runas del aett de Heimdal.

- **Hagalaz** – Esta runa significa granizo o piedras de granizo. Representa grandes cambios o crisis, como la destrucción que deja una gran tormenta de granizo. Se parece y representa la letra "H", que es la primera letra de Heimdal.

• **Nauthiz** – Significa necesidad, y se parece a la forma en que una persona frota dos palos cuando necesita fuego. Representa la letra "N" y tiene connotaciones negativas por ser necesitado.

• **Isa** – Significa hielo, y representa la inmovilidad cuando todo está quieto, al igual que todo lo que le rodea cuando es invierno. Se parece a un carámbano y representa la letra "I".

• **Jera** – Esta runa significa año (la "J" se pronuncia como "Y"), y simboliza la cosecha de un año, algo por lo que hay que trabajar. Esta runa se asemeja a dos manos ahuecadas dispuestas a recibir la recompensa ganada con esfuerzo. Representa las letras "J" e "Y".

• **Eihwaz** – Esta runa representa el tejo. A menudo, también significa el propio Yggdrasil. Simboliza los misterios de la vida y la muerte. La forma de la runa se puede comparar con la de un árbol pequeño con una rama y una raíz. También representa el sonido "ei" (pronunciado "eye" ojo en inglés), que se puede relacionar fácilmente con Odín, el tuerto, que colgó de las ramas del Yggdrasil durante nueve días.

• **Pertho** – Significa cubilete de dados y simboliza el juego y la adivinación, dos de las cosas para las que se puede utilizar un cubilete. Tiene forma de cubilete volcado. El nombre de la runa contiene el sonido lanzar, que es lo que se hace con los dados.

• **Algiz** – Significa alce y runa. Con sus tres puntas, parece la cornamenta de un ciervo. La forma indica un tridente, que puede utilizarse para defenderse y mantener a raya a los enemigos. Recuerde la última letra del nombre de esta runa porque también simboliza la letra "Z".

• **Sowilo** – Esta runa significa sol, y representa la energía y la victoria. Sowilo suena como solar. También se parece a la letra "S", que representa.

Hemos llegado al final del aett de Heimdall. Para recordar la secuencia de las runas, puedes utilizar las frases "La piedra necesita cosechadores de hielo. Yo estaba destinado a proteger el sol".

La primera frase consiste en los significados y asociaciones de las cuatro primeras runas. En la segunda frase, "Estaba" suena como eihwaz, y el resto de la frase corresponde a las asociaciones de cada runa.

Concluyamos con las aett de Tyr. Aquí están:

- **Tir/Tiwaz** – El nombre de esta runa es una versión del nombre de Tyr. Representa el honor. Se parece a una flecha que apunta hacia arriba, específicamente hacia el cielo, y Tyr es un dios del cielo.

- **Berkana** – Significa diosa del abedul y es una runa de bendición y fertilidad. Se parece a la letra "B" y también la representa. La bendición comienza con la letra "B", al igual que la palabra bebé.

- **Ehwaz** – Esta runa significa caballo, y se parece al perfil lateral de un caballo, uno con una silla de montar en el centro. Cuando se pone de lado, se parece a la letra "E", que representa.

- **Mannaz** – Significa humanidad, y es la runa del orden social y la conciencia. También se parece a dos personas con los brazos unidos. Además, se asemeja a la letra "M", que es una de las cosas que representa.

- **Laguz** – Significa agua, y la runa se parece a la vela de un barco. El nombre laguz suena como la palabra laguna, que es una masa de agua. También parece una letra "L" invertida, que es lo que representa.

- **Ingwaz** – Representa al dios Ing (Frey), y significa semilla. Esta runa simboliza la fertilidad, la agricultura y el crecimiento. Se parece a las vides que se entrelazan entre sí mientras crecen. El nombre de la runa tiene el sonido "ng", que es lo que simboliza.

- **Dagaz** – Significa día, y esencialmente significa despertar o conciencia. También se parece a los altavoces de la alarma de emergencia, del tipo que le despierta a uno y le hace saltar a la acción. También se parece a dos "D" colocadas una detrás de otra.

- **Othala** – Esta runa significa hogar, pertenencia o herencia. Se parece al tejado de una casa. Como empieza con la letra "O", también representa esa letra.

Ahora que ha memorizado las ocho runas del aett de Tyr, he aquí un recurso mnemotécnico que puede utilizar para recordar su orden: "Tyr bendice a los caballos y a los hombres; navega todo el día de vuelta a casa".

Capítulo 10: La runa de Odín

Aparte de las 24 runas habituales que componen el alfabeto rúnico futhark, los neopaganos modernos y los practicantes de la religión pagana nórdica han introducido una ficha adicional en blanco en sus conjuntos de runas y le han dado el nombre de Wyrd, que significa destino.

¿Vacío total o posibilidades infinitas? Dependiendo de cómo se mire, hay muchas maneras de leer la runa de Odín. Esta runa fue una adición posterior por parte de los neopaganos modernos para obtener alguna posibilidad adicional del cosmos al lanzar las runas. Los usuarios de esta runa dicen que cuando la runa de Odín aparece en su lanzamiento, significa que lo desconocido está en acción y está allí, aunque no lo puedan ver.

Aunque muchos lanzadores de runas utilizan la runa de Odín hoy en día, su significado real sigue siendo muy discutido. Algunos dicen que significa posibilidades infinitas, mientras que otros dicen que indica el vacío. Es como el enigma del vaso medio lleno o medio vacío.

¿Qué significa la runa en blanco?

Siempre que aparezca una runa en blanco, tenga en cuenta que podría significar que se ha topado con algunas complicaciones en su lanzamiento. Puede ser un indicio de que su pregunta no está correctamente formulada, o puede ser que la respuesta que está buscando es imposible de entender (o tal vez en el fondo, usted ya sabe la respuesta). Acéptelo como una señal de que necesita meditar y esperar antes de volver a realizar su lectura.

El consenso sobre la runa de Odín no existe. Si pregunta a diez personas al respecto, también obtendrá diez respuestas diferentes. No hay una única definición de la runa en blanco. Cualquier usuario potencial puede utilizarla el día que quiera.

En su libro "Manual para el uso del antiguo oráculo" (1983), Ralph Blum dice que la aparición de la runa en blanco es un presagio de muerte. Sin embargo, esa muerte puede ser solo simbólica y no un fallecimiento real de una persona. También puede referirse a que una parte de su vida se ha ido y ha sido sustituida por otra.

Según Lisa Peschel, autora de "Guía práctica de las runas: Sus usos en la adivinación y la magia", siempre que aparece esta runa, lo único que se puede esperar es que le ocurra algo inesperado. Este algo puede ser positivo o negativo dependiendo de si has sido virtuoso. También es mejor interpretar su significado basándose en cómo se relaciona con el resto de las runas.

Kylie Holmes, la autora de "Portales Paganos: Runas" (2013), dice que el hecho de lanzar la runa en blanco indica que hay un progreso en su desarrollo espiritual. Este acto también le recuerda lo grande que es su conocimiento. Es más grande en comparación con la forma en que otras personas lo ven.

En más de un milenio de su existencia, ha habido muy pocas modificaciones en el alfabeto rúnico. Estas variaciones suelen ser geográficas, y las formas de ciertas runas fueron los únicos cambios notables. Sus significados siguen siendo los mismos. Sin embargo, ha habido una adición moderna al alfabeto rúnico del futhark antiguo y joven, y es la runa Wyrd.

No hay pruebas sólidas de que la Wyrd (también llamada runa de Odín) existiera antes del resurgimiento del uso de las runas, y sus orígenes son confusos, por decir algo, pero, aun así, se incluye en la mayoría de los conjuntos de runas de hoy en día.

¿Qué diferencia a la runa de Wyrd del resto?

La runa de Wyrd suele ser solo una ficha en blanco en el juego, pero algunos dicen que tiene este aspecto:

Este símbolo rúnico representa todas las formas rúnicas moldeadas en una sola. Según las antiguas creencias, es posible hacer esta runa por uno mismo ayudándose de arcilla o cualquier material similar. Independientemente del material que elija, será necesario que obtenga una pequeña pizca de material de las otras runas para producir una nueva y en blanco. Es la runa en blanco la que sirve como culminación de los poderes de todas las demás runas.

La runa en blanco difiere de las demás en el sentido de que no pertenece a los tres aettir del futhark antiguo. Es solo una adición moderna que se originó hace unos 40 años, en la década de 1980, cuando la revolución de la nueva era se estaba apoderando de la cultura occidental. Sin embargo, aunque es una nueva adición al alfabeto rúnico, la mayoría de los lanzadores de runas modernos todavía la aceptan ampliamente.

La runa en blanco también se distingue del resto del alfabeto rúnico porque es básicamente una parte de un alfabeto antiguo. Esto significa que, excepto Wyrd, cada runa representa un sonido o una combinación de sonidos. Algunos practicantes dicen que Wyrd representa el silencio, lo que lo convierte en un concepto único, ya que no se puede encontrar ningún alfabeto en el mundo con un símbolo para el silencio.

Las creencias tradicionales también indican que las runas en blanco existían por la única razón de tener una ficha de reemplazo si se produce una pérdida o un extravío de otra ficha. Los puristas también creen que la runa en blanco no encaja en el sistema matemático y místico de las runas. La razón es que no se puede simplemente dividir 25 baldosas en cuatro (cuatro estaciones en un año, cuatro puntos cardinales y similares).

La runa de Wyrd no tiene su propio conjunto de definiciones. Incluso puede verse como el vacío total o las posibilidades infinitas. Algunos también la ven como una señal de fuerzas invisibles que se mueven en el fondo para afectar su destino.

¿Por qué se llama runa de Odín?

Otro nombre para la runa Wyrd es la runa de Odín, ya que tiene un poder y un significado insondable y misterioso. Odín es el padre de todo, el gobernante de todos los dioses de Asgard, y sin embargo no se detuvo en su búsqueda de más conocimiento. Se puede asociar la runa en blanco con Odín, no solo por su omnipotencia, sino también por su constante hambre de más conocimiento.

Cuando Odín aparece ante usted durante una lectura, le está pidiendo que busque en su interior para lograr una comprensión más profunda de sí mismo y de su ser. La runa en blanco representa el potencial casi ilimitado del ser humano, y dependerá del lector cómo tomar este conocimiento.

También es una de las razones por las que la runa de Odín no pertenece al aettir. Odín está solo, separado de los otros aesir. Aportar cualquier otro significado a la runa de Odín sería como intentar atar una cuerda alrededor de los nueve mundos. Sería inútil e imposible.

¿Cómo se debe leer la runa en blanco?

Aunque no todos los lanzadores de runas creen que la runa en blanco deba incluirse en cualquier conjunto de runas, no hay nada que le impida utilizarla si lo desea. Si quiere usar la runa de Odín en sus lecturas, aquí hay un par de sugerencias sobre cómo puede leerla.

Los primeros anglosajones, y muchas de las otras razas tribales que provienen de la actual Europa del Norte, creían en la fuerza universal llamada orlog, que significa tanto "perdición" como "destino". Orlog supervisa el destino de todas las naciones y sus ciudadanos. Una forma de leer la runa en blanco se basa en el concepto de orlog. Esto significa que su destino individual le es otorgado por las nornas si lanza esta runa.

La runa en blanco podría significar que tiene una deuda kármica, y el cosmos está cobrando el pago. Ahora bien, su deuda kármica podría no deberse a sus acciones personales pasadas, sino a su vida pasada. Puede parecer injusto que usted sea responsable de lo que hizo en su vida pasada, pero también lo será en su próxima vida. Teniendo esto en cuenta, sacar la runa en blanco puede significar que necesita hacerlo mejor en su vida presente.

Otra posible definición de la runa en blanco puede ser que ha llegado a un punto determinado de su vida en el que ha alcanzado el punto de no retorno. Pronto estará dirigido a un destino singular, y usted no hace nada para cambiarlo. Aunque todavía tiene libre albedrío, no importará lo que haga ahora. Los resultados seguirán siendo los mismos.

Ahora bien, si saca la runa en blanco en respuesta a una pregunta concreta, significa que no es el momento adecuado para su consulta. Es como si una bola 8 mágica le dijera que debe intentar preguntar de nuevo más tarde. Los hados cósmicos todavía pueden preparar algo para esa parte de su destino, por lo que todavía no se registrará en las runas.

Otra definición que puede obtener de la runa en blanco es que experimentará grandes cambios en su vida. Sin embargo, debido a la naturaleza ambigua de la runa en blanco, no puede estar seguro de si el cambio será positivo o negativo. Podría tratarse de un gran ascenso y aumento de sueldo en el trabajo o de la pérdida de un familiar. Debe tener cuidado si parece que va a recibir un gran cambio en su vida.

¿Debe usar la runa Wyrd?

Depende totalmente de usted si quiere mantener la runa en blanco en su juego de runas. Los puristas podrían burlarse de usted a sus espaldas si utiliza esta runa. A algunos les parecerá una blasfemia que se le ocurra utilizar una runa que no forma parte del antiguos futhark. Sin embargo, usar la runa en blanco le proporcionará algo que representa el vacío y cómo puede afectar a su vida.

Además, recuerde que no todo el mundo acepta la runa en blanco, especialmente los puristas, que la ven como una abominación sacrílega. Consideran que la runa en blanco es un producto no deseado de la ligereza de la nueva era y del apetito voraz por los símbolos sagrados. Para ellos, una runa es un símbolo, no una ausencia de él. Un símbolo para la ausencia de un símbolo no es un concepto utilizado por los nórdicos. Es un oxímoron y se contradice a sí mismo.

Sin embargo, a pesar de que mucha gente rechaza el concepto de la runa en blanco, este no irá pronto a ninguna parte. Es una idea arraigada en el neopaganismo desde hace 40 años. A lo largo de todo ese tiempo, ha soportado continuos escrutinios y rechazos por parte de la comunidad. Se ha convertido en un elemento tan fijo que obliga a los fabricantes de runas que deciden no añadirla a sus conjuntos para la venta a mencionarla en su identificación. Esto sucede a pesar de que el conjunto original de 24 runas no lo tenía, y de que no se introdujo hasta la década de 1980.

La pregunta sigue siendo, ¿debe usted utilizar la runa en blanco? La respuesta final siempre dependerá de usted. Si desea que sus lecturas de runas sean lo más parecido a la antigua lectura de runas tradicional, entonces evite usar la runa en blanco. Si está abierto a las posibilidades y es como muchos de los neopaganos de la nueva era, entonces no hay nada de malo en usar la runa en blanco en su juego. Puede intentar usarla cuando haga lecturas sobre usted mismo para descubrir si encaja en su estilo de lectura.

Ahora que ya sabe qué es, cómo surgió y cómo se usa, puede formarse su propia opinión sobre ella. Tanto si la usa como si no, no cambiará el hecho de que ya está en el mundo de la lectura de las runas y puede seguir haciéndolo durante mucho tiempo.

Capítulo 11: La lectura de las runas

Las disposiciones y las tiradas de las runas pueden ayudarle a dar sentido a lo que tratan de decirle. Mientras que cada runa ya tiene su propio significado inherente, usted necesitará saber cuándo esas interpretaciones entrarán en juego en su vida. El uso de esquemas y tiradas le proporcionará una estructura diseñada para facilitar la interpretación del mensaje de las runas.

¿Cuál es la diferencia entre los esquemas y las tiradas? En realidad, ¡no hay demasiada! Si está familiarizado con el uso de las cartas del tarot, descubrirá que las disposiciones de las runas son como las tiradas de las cartas del tarot. Varios lanzadores de runas utilizan las tiradas de las cartas del tarot cuando hacen lecturas. En este sentido, puede utilizar la estructura y la distribución indistintamente.

Elegir qué disposición o tirada utilizar no es tan difícil. Si solo tiene una pregunta sencilla, puede utilizar las distribuciones que utilizan el menor número de runas. Si tiene un problema complicado para el que necesita consejo, puede utilizar una distribución de runas que utilice más runas. Cuanto más complejo sea el problema, más elaborada será la tirada.

Disposiciones de la tirada de runas

Estas son algunas de las distribuciones más usadas para el lanzamiento de runas:

Tirada de una runa

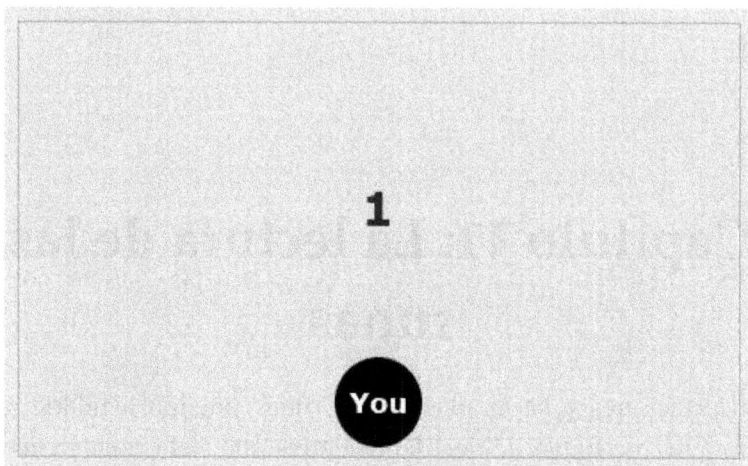

Es la más básica de todas las tiradas de runas, ya que solo requiere una sola ficha para su lectura. Puede lanzar un puñado de runas en su manto rúnico o elegir la que le parezca más llamativa. Es una forma estupenda de hacer una lectura rápida para ayudarle a tomar una decisión repentina.

Ni siquiera es necesario utilizar su manto para lanzar runas ni sacar la mano de la bolsa. Si puede leer la runa con el tacto, puede obtener su respuesta en solo un par de segundos. Es posible leer esta runa como su sentimiento general y la actitud que siente hacia la pregunta. También representa el resultado que obtendrá de la pregunta.

Tirada de dos runas

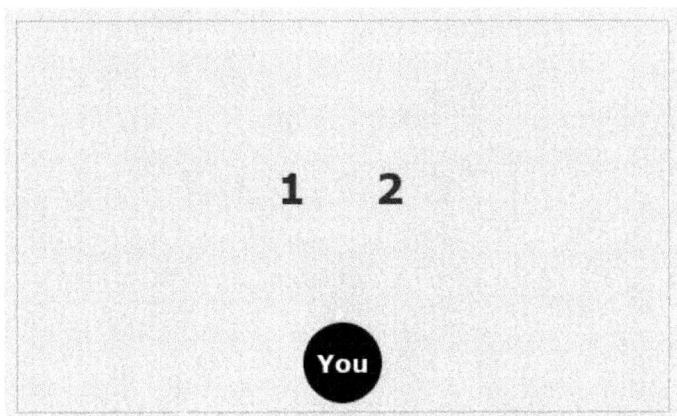

La antigua tribu germánica creía que el tiempo tiene dos aspectos en lugar de tres. Para ellos, no hay pasado, presente y futuro. En su lugar, hay un "lo que es" y un "lo que está llegando a ser".

La disposición de las dos runas se basaba en este concepto doble. La primera runa que usted saque de su bolsa representará "lo que es", mientras que la segunda simbolizará "lo que está llegando a ser".

La primera runa (lo que es) incluye las cosas que sucedieron en el pasado y cómo puede afectar a la pregunta formulada. Le hará pensar en sus acciones pasadas. ¿Realmente hizo algo para que el cosmos lo pusiera en la situación en la que se encuentra?

La segunda runa (lo que está llegando a ser) abarca las formas en que los acontecimientos del porvenir, y el futuro, pueden afectar a la pregunta formulada a las runas. Es posible que no pueda evitar que se produzcan malas situaciones. Sin embargo, puede al menos intentar reaccionar de forma diferente con la información de su lectura.

Tirada de tres runas (pasado, presente y futuro)

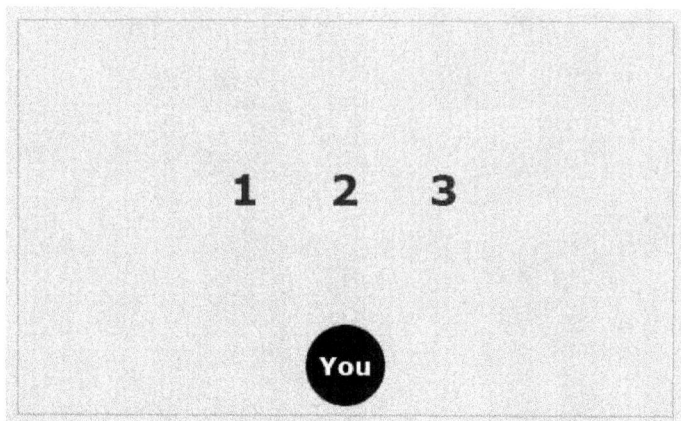

1   2   3

You

No todo el mundo está de acuerdo con el antiguo concepto nórdico del tiempo, que es doble. Puede utilizar la tirada de tres runas para aprovechar el concepto triple en su lugar. La runa de la izquierda, que probablemente sea la primera que usted lance, representa el pasado. La del medio es el presente, mientras que la de la derecha es el futuro.

El pasado incluye los eventos con un efecto significativo en relación con la pregunta. Son como las acciones que realizó en el pasado y que pueden ser la causa de que se encuentre en su situación.

El presente se refiere a las cosas que están sucediendo y que afectan a su situación con respecto a la pregunta. El futuro es solo el resultado de la pregunta que ha formulado.

Es indiscutible que la tirada de tres runas no existía en la antigüedad, cuando los nórdicos aún estaban presentes. Sin embargo, si esta composición le resulta atractiva, nadie puede echarle en cara que quiera utilizarla.

Tirada de las cuatro direcciones

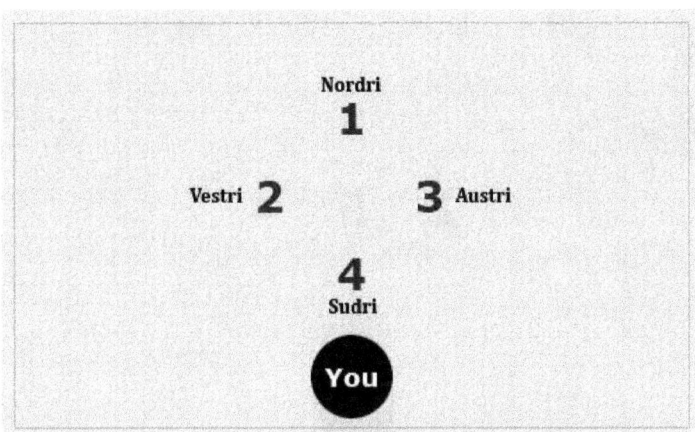

Dado que las runas provienen de la mitología nórdica, los nombres de las cuatro direcciones cardinales llevan el nombre de los cuatro enanos que, según las leyendas, sostienen el cielo. Además, está compuesto por la calavera del gigante Ymir. El concepto de esta tirada es sencillo. Es solo un patrón normal de norte, este, sur y oeste con diferentes significados para cada posición, es decir:

- **Nordri** – Esto representa el pasado, particularmente las influencias que tienen sus efectos en el pasado con respecto a su pregunta.

- **Vestri** – Representa el presente, es decir, las cosas que están sucediendo actualmente y que tienen un efecto sobre la pregunta que has formulado.

- **Austri** – Representa el futuro y los posibles obstáculos que se puede encontrar y que pueden dificultar el resultado de sus tareas.

- **Sudri** – Es el resultado global posible de la lectura.

Hay cosas que necesita saber con respecto a esta elección de tirada. En primer lugar, es como la tirada de las tres runas porque el pasado, el presente y el futuro están involucrados. Sin embargo, no es la runa de Austri la que le va a predecir el futuro. En su lugar, Sudri asumirá el papel que desempeña la posición habitual del futuro.

Tirada de la cruz con cinco runas

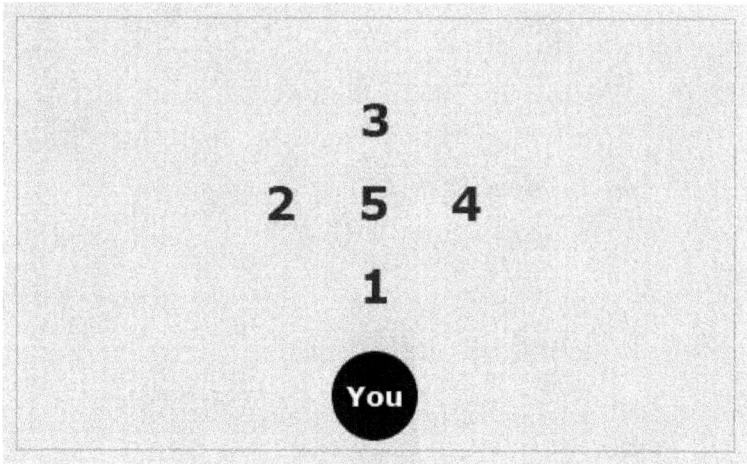

Con esta tirada de lectura, conseguirá formar una cruz con las cinco runas que tiene que lanzar sobre el manto. La primera estará en la parte inferior de la cruz; la segunda estará en la posición izquierda, la tercera en la parte superior y la última estará en el centro de la cruz.

- 1 – Representa las cosas generales que pueden subyacer en la pregunta.

- 2 – Son los obstáculos que deberá superar para obtener la respuesta.

- 3 – Representa los aspectos favorables que podría experimentar.

- 4 – Representa el/los posible/s resultado/s.

- 5 – Muestra las influencias futuras que podrían afectar al resultado.

Tirada de la serpiente de Midgard

Esta tirada de runas está basada en Jormugandr, la gigantesca serpiente conocida por rodear el mundo. Las leyendas dicen que Jormugandr es tan grande que puede envolver su cuerpo alrededor de la tierra y morderse la cola.

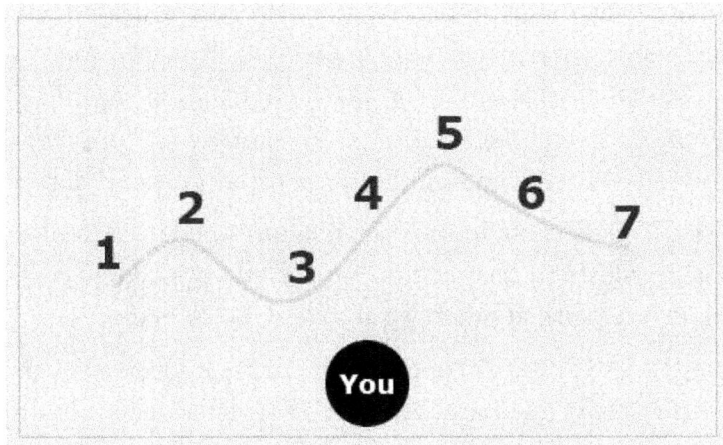

Esto simboliza la necesidad de ser completamente consciente durante la lectura, o de lo contrario los resultados de la tirada podrían ser ignorados.

Usted colocará las siete runas en un patrón fluido e imaginará que camina desde la cola de la serpiente de Midgard hasta su cabeza. Habrá un par de tramos de subida en los que se encontrará con obstáculos. Sin embargo, tenga en cuenta que también habrá tramos de bajada en los que podrá relajarse, lo que le permitirá prepararse para la siguiente batalla cuesta arriba.

- 1 - Simboliza sus sentimientos en el pasado y su conexión con la situación por la que está pidiendo ayuda. ¿Hizo usted algo que dio lugar a su situación?

- 2 - Representa las luchas por las que tiene que pasar debido a sus sentimientos derivados de la posición 1. La joroba representa los obstáculos que ha superado y que necesita saber cómo manejó, porque esa situación pasada podría volver a usted en el presente.

- 3 - Este punto representa sus sentimientos sobre su situación. Es la runa más cercana a su posición porque representa aproximadamente el presente.

- 4 - Es la posición en la que se inicia el viaje hacia el resultado deseado. Los obstáculos de las posiciones anteriores pueden volver a aparecer. La joroba de esta posición también es mucho más pronunciada que la de la posición 2, lo que significa que los obstáculos que tiene que enfrentar son más difíciles en comparación con los anteriores. Sin embargo, ahora cuenta con la orientación obtenida a partir de su pasado para ayudarle.

- 5 - Es la cima de su viaje en la que puede ver su meta. Esta runa le mostrará sus sentimientos y cómo pueden controlarle cuando cree que su meta está al alcance de su mano.

- 6 - Es la posición que le recordará que todavía hay un poco más de trabajo que hacer antes de alcanzar su meta. Esta runa es a la que más debe prestarle atención. Si le dice que tiene que esforzarse más, haga lo que le dice. Por ejemplo, si lanza una runa de poder y control, deberá tener una voluntad fuerte y controlar sus emociones hasta alcanzar sus objetivos.

- 7 - Es la cabeza de la serpiente de Midgard, y la mayoría de las veces es la meta final. Sin embargo, según la mitología nórdica, Jormugandr podría morderse la cola, por lo que es crucial estar atento a lo que dicen las runas. De lo contrario, puede que se encuentre de nuevo con la cola de la serpiente.

Tirada de Bifrost

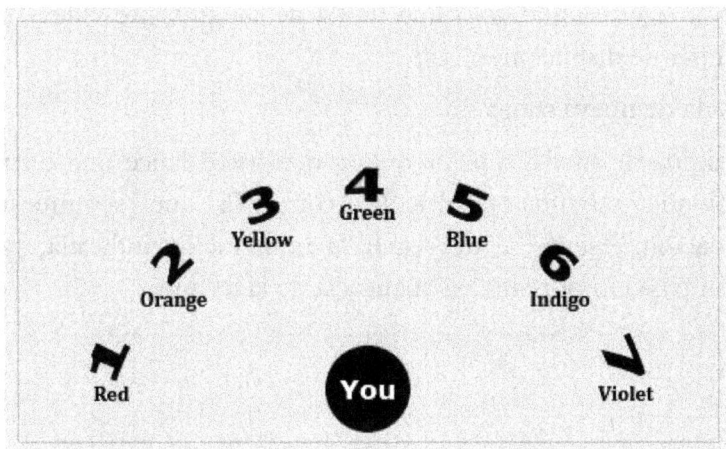

Según las leyendas nórdicas, Bifrost es el puente en forma de arco iris que conecta Midgard, el reino de los humanos, con Asgard, el reino de los dioses. Al utilizar esta tirada, tendrá la sensación de que está recibiendo ayuda y guía de los propios dioses. Lanzará siete runas y las colocará en un patrón de arco, comenzando de izquierda a derecha. Al principio está el color rojo, y terminará con el color violeta.

* **Rojo** – Engloba sus actitudes del pasado que pueden tener algún efecto en su consulta.

* **Naranja** – Representa los efectos del pasado que se derivan de sus actitudes pasadas.

* **Amarillo** – Esta runa representa su actitud en el presente y que tiene efecto en su pregunta.

* **Verde** – Representa los efectos de su actitud actual en el resultado general.

* **Azul** – Esta runa representa el tipo de actitud que debe tener en el futuro.

* **Índigo** – Simboliza los efectos de su actitud en el futuro.

* **Violeta** – Representa el resultado general de su viaje.

Esta tirada puede parecer complicada. Sin embargo, si la examina de cerca, sigue siendo solo una tirada de pasado, presente y futuro con un par de distinciones.

Tirada de nueve runas

La tirada de nueve runas requiere que usted lance nueve runas y las coloque en una cuadrícula, como la que se muestra a continuación. Asegúrese de seguir la numeración indicada, ya que juega un papel importante en la eficacia de la lectura.

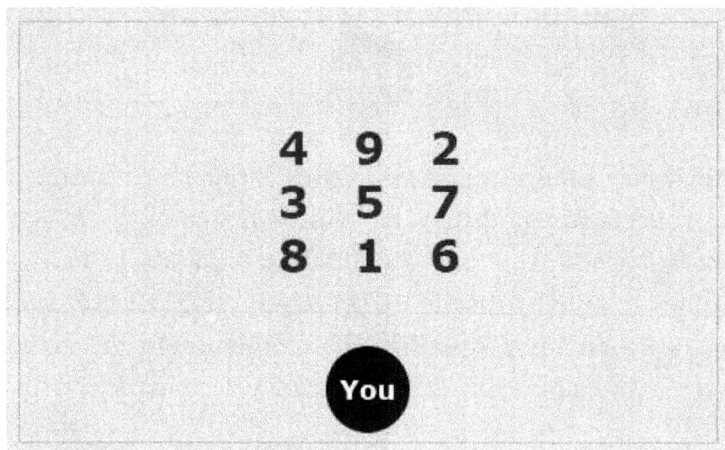

La particularidad de esta cuadrícula es que, si se suman los valores de cualquier fila o columna, incluso de las diagonales, siempre se obtendrá el valor 15. Para interpretar este esquema, empiece por la fila horizontal inferior. Esta fila representa los factores del pasado que influyeron en el asunto que se está tratando.

- 8 – Se refiere a las influencias ocultas que se produjeron.

- 1 – Abarca las influencias básicas que experimentó.

- 6 – Representa su actitud actual hacia los acontecimientos del pasado.

A continuación, deberá leer la fila del medio, de izquierda a derecha, comprendida por:

- 3 – Son las influencias ocultas que están actuando en el presente.

- 5 - Representará el statu quo actual.

- 7 - Se refiere a su actitud hacia las cosas que suceden en el presente.

Por último, debe leer la fila superior, ya que representa el resultado de su indagación. Consiste en:

- 4 - Las influencias ocultas, los obstáculos que impiden que el resultado salga a la luz.

- 9 - Es el resultado óptimo de su pregunta.

- 2 - Muestra cómo responderá al resultado.

Tirada de las nueve de Odín

Odín, el padre de todo, se colgó de las ramas de Yggdrasil para obtener el conocimiento de las runas.

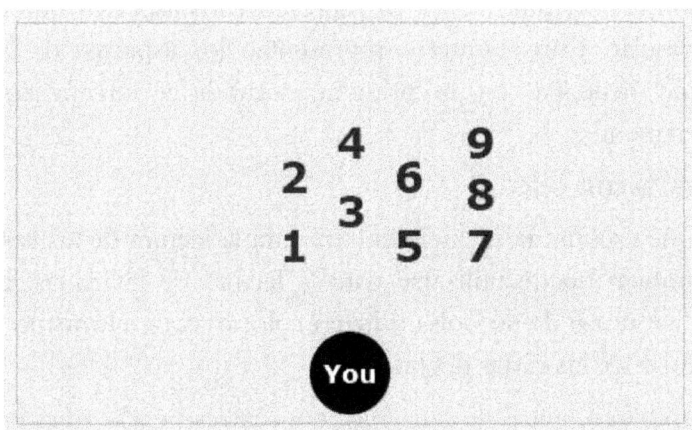

Las primeras seis runas representan al propio Odín (la 1 y la 2 son las piernas, la 4 es la cabeza), y las tres últimas son las de la lanza de Odín. Para leer este esquema, siga este procedimiento:

Las runas de la primera columna (1 y 2) representan los factores del pasado que podrían haber influido en su pregunta.

- 1 - Simboliza las historias ocultas que ocurrieron en el pasado.

- 2 - Es tu actitud hacia el pasado.

La columna con las runas 3 y 4 representa la influencia de la corriente en curso.

- 3 – Engloba las influencias ocultas que se están produciendo actualmente.

- 4 – Es la actitud del que pregunta con respecto a los acontecimientos actuales.

La columna con las runas 5 y 6 le indicará la respuesta a la pregunta.

- 5 – Esta runa representa las influencias ocultas. También simboliza las causas de retraso que pueden impedir que la respuesta se manifieste.

- 6 – Es su respuesta a la pregunta.

La última columna (7, 8 y 9) representa los aspectos que tiene o debe manejar. Estos números representan los aspectos de los que tiene que ocuparse en la primera, segunda y tercera columna, respectivamente.

Tirada de la cruz celta

Aunque esta tirada se suele utilizar para la lectura de las cartas del tarot, también puede utilizarse para la lectura de las runas. Deberá lanzar diez runas de su bolsa y luego colocarlas en el mismo patrón que cuando lee las cartas del tarot.

Sin embargo, antes de lanzarlas, concéntrese en la runa concreta de la que desea obtener ayuda. Por ejemplo, si está intentando concebir, busque una runa que represente la fertilidad. Concéntrese en conseguirla mientras lanza las diez piezas necesarias para esta tirada.

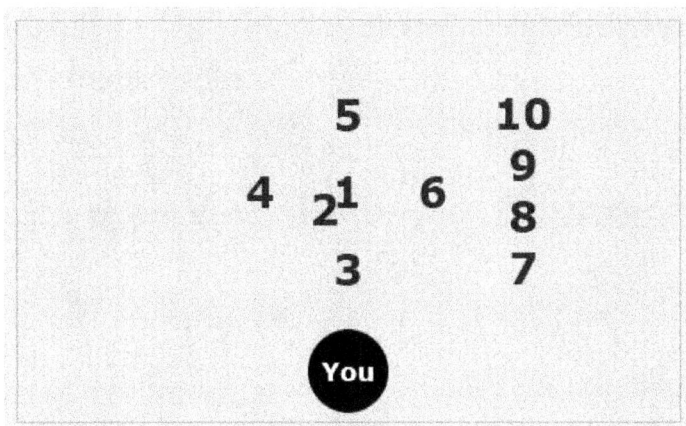

Si es posible, coloque la runa número 2 sobre la número 1. Para entender mejor esta tirada de runas, aquí se explica cómo debe leerse:

- 1 - Representa la pregunta en cuestión.

- 2 - Significa las fuerzas que podrían oponerse a su pregunta.

- 3 - Abarca la influencia subyacente que puede afectar a la respuesta a su pregunta.

- 4 - Indica las influencias por las que está pasando o que están terminando.

- 5 - Abarca las influencias que podrían ser importantes a largo plazo.

- 6 - Representa las numerosas influencias con las que se puede encontrar pronto.

- 7 - Hace referencia a los miedos y pensamientos negativos que puede tener.

- 8 - Señala las influencias externas que pueden influir potencialmente en el resultado.

- 9 - Se refiere a sus creencias y esperanzas.

- 10 - Hace referencia al mejor resultado para su consulta.

Esta tirada puede parecer un poco complicada, así que, para hacerla más fácil, imagine a Odín de pie frente a usted con su lanza sostenida por su mano izquierda.

Tirada del hueso de ballena de Egil

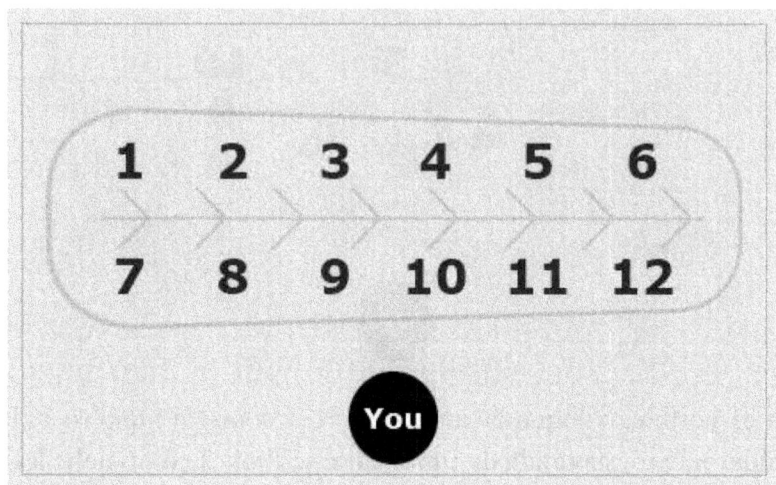

Este diseño rúnico se inspiró en la historia islandesa "La saga de Egil", que trata de un maestro poeta, guerrero y entrenador de carreras, y de sus muchos logros. Hay un capítulo de la saga en el que Egil curó a la hija de Thorfinn, Helga, de una enfermedad incurable. La razón por la que Helga estaba enferma en primer lugar incluía las runas erróneas colocadas en el hueso de la ballena. Egil eliminó las runas erróneas y las sustituyó por las nuevas que talló en el hueso de ballena, curándola al instante.

Para esta tirada, se hará algo que difiere un poco de las otras lecturas. En lugar de que cada runa tenga un significado diferente, podrá agruparlas de tres en tres y leer como si el grupo estuviera hablando. Es básicamente una tirada de tres runas, pero leyéndolas cuatro veces en una sola tirada.

Los cuatro grupos de runas derivan sus nombres de su propósito en la saga. No es necesario que usted lea toda la saga antes de utilizar este esquema, pero puede ser útil. Conocer la historia puede ayudarle a recordar lo que representa cada grupo.

Intenciones del tallador (1, 2 y 3)

En la historia, el tallador de runas tenía intenciones específicas para las runas. El primer grupo actúa de la misma manera. Tiene una determinada intención por la que quiere consultar las runas. Antes de lanzar las tres primeras, piense bien qué respuestas quiere que le muestren. Mantenga esta intención en mente mientras escoge las que pretende utilizar. Es necesario que tenga esta intención en mente mientras se esfuerza por obtener la respuesta.

Resultados de Helga (4, 5 y 6)

Helga es la hija de Thorfinn, y ella es la perjudicada por las runas equivocadas colocadas en su cabecera. Para su propósito, este grupo de runas le permitirá ver los resultados erróneos que podrían manifestarse si tiene intenciones impuras o no tiene intención de esforzarse por su objetivo.

Preocupaciones de Thorfinn (7, 8 y 9)

Thorfinn es el padre de Helga y, en la saga, se preocupa por su hija mientras está enferma y moribunda en su cama. Este grupo de runas simboliza las preocupaciones externas en su camino hacia su objetivo. Pueden ser útiles o perjudiciales.

Estas influencias externas pueden servir de apoyo y ayudarle en su camino hacia su objetivo. Por ejemplo, si su intención final es llegar a ser estable económicamente, estas influencias externas pueden venir en forma de familia y amigos que le ayuden cuando esté deprimido o le ayuden a encontrar un trabajo más estable y mejor pagado.

Las fuerzas externas también pueden tener un efecto negativo e incluso pueden impedir que alcance los resultados previstos. Utilizando el ejemplo anterior de llegar a la estabilidad financiera, las fuerzas externas pueden ser su familia o amigos con hábitos de gasto ridículos. Le están influyendo para que haga gastos irresponsables.

Este grupo de runas le mostrará las cosas a las que debe prestar atención. Podrían ser útiles o destructivas, y dependerá de usted discernir cuál es cuál.

Resultados de Egil (10, 11 y 12)

Egil es el maestro de ceremonias de la historia. Cuando vio las runas, el estado en el que se encontraba Helga y la preocupación de Thorfinn por su hija, consiguió que todo volviera a estar bien. A través de sus magistrales habilidades de manipulación de las runas, deshizo el daño del anterior hacedor de runas e hizo que Helga volviera a estar sana.

Esto no significa que deba volver a lanzar sus runas hasta alcanzar el resultado deseado. Este último conjunto de tres runas solo le enseñará cómo puede sobreponerse a las cosas que conoció previamente para lograr su objetivo. Tampoco significa que pueda ignorar los tres grupos anteriores. Le indican cómo puede seguir alcanzando su meta mientras recuerda las posibles dificultades que surgieron de los tres primeros grupos. Piense en los tres primeros grupos de runas como un aviso de lo que puede esperar en su viaje, para que pueda prepararse para los desafíos.

Lo mejor de las tiradas de runas es que puede elegir entre seguir las tradicionales (una, dos, tres o cuatro tiradas) o crear las suyas propias. Si elige esta última opción, asegúrese de que al menos tenga sentido para usted. Lo más importante es que use su perspicacia para descifrar lo que las runas le están diciendo, basándose en las circunstancias de la persona que hace las preguntas y en las posibles interpretaciones, según las propias runas.

Capítulo 12: El poema de los dioses

Los poemas rúnicos enumeran las letras del alfabeto rúnico y ofrecen estrofas de poemas que explican el significado de cada una. Es de suponer que estos poemas fueron creados como instrumentos mnemotécnicos para facilitar su memorización.

Se conservan tres poemas rúnicos antiguos que se remontan a la Edad Media. Los poemas rúnicos islandeses y noruegos se basaban en el futhark joven, mientras que el anglosajón se basa en las runas anglosajonas. Desgraciadamente, aún no se ha encontrado ninguno que utilice el futhark antiguo.

Los poemas rúnicos son algo más que simples herramientas para memorizar las runas. También se pueden utilizar como cánticos para reforzar el poder de cada runa. También es posible utilizar los poemas para llamar a las energías ligadas a cada una, haciendo que sus lecturas sean aún más poderosas que antes.

Fehu

La riqueza se gana y el oro se otorga

Pero el honor se debe a todos los hombres

Regala al que ha dado y usa al señor

Porque el valor de su nombre es difundido en el mundo

En los poemas rúnicos más antiguos se puede ver que el dinero y su efecto en las relaciones es vital. El dinero y la riqueza son importantes, pero lo que se hace con ellos es aún más significativo. Guardarse el dinero para uno mismo puede llevar a la reputación de ser un avaro. Pero fijarse en la cantidad de dinero que tienen otras personas solo conducirá a conflictos.

Fehu es la runa de la riqueza, pero también es cómo se crea y se utiliza. Se trata de la comunidad y de cómo cada uno comparte lo que puede. Se trata de compartir la buena fortuna, pero también de aceptar con gracia la ayuda cuando se está en un aprieto.

Uruz

Sangre de buey salvaje orgullosa, fuerza de cuernos afilados

En el páramo, en medio de la dureza del espíritu y la fuerza

Voluntad inconquistable y forma feroz

A través del sol del verano y la tormenta del invierno

Los uros son bueyes salvajes que en tiempos de la Edad Media vagaban por las llanuras de Europa. Se diferencia totalmente del ganado domesticado mencionado en la runa anterior Fehu.

En la terminología rúnica, Uruz simboliza la insuperable voluntad de los exploradores, el impulso interno que les permite fijarse metas y alcanzarlas. Sin fuerza de voluntad, usted se vuelve apático e inseguro. Es la fuerza que necesita para capear las tormentas que probablemente encontrará en su viaje hacia sus objetivos.

En resumen, Uruz le insta a mantener la concentración y a alcanzar los objetivos que se ha propuesto. Además, sirve como advertencia de que hay múltiples desafíos en su camino que pondrán a prueba su temple.

Thurisaz

Seto de espinas atado el enemigo repelido

La ira de un gigante por Mjolnir derribado

Thor protégenos, lucha por la tropa

Ante la ira verdadera como la de Odín

La espina le aconseja ser cauteloso y consciente del peligro potencial y de los desafíos que le esperan. Si se abalanza involuntariamente sobre las espinas o se agarra a una liana espinosa, pagará por su falta de precaución. Si no presta atención a las advertencias, pagará por sus acciones.

También puede ver las espinas como protectores. Por ejemplo, mantener un seto de arbustos de espino negro o espino blanco evitará que los animales salvajes y ciertos enemigos humanos invadan su casa.

Los thurs, o gigantes, representan otro tipo de peligro. Suelen representar las fuerzas destructivas e incontrolables de la naturaleza. También pueden ser las fuerzas internas que le abruman cuando se encuentra en una posición de peligro.

Ansuz

En el hidromiel divino y la palabra escrita

En la llamada del cuervo y el susurro escuchado

Busco la sabiduría y actúo como un sabio

En el pozo de Mimir, veo el pacto de Odín

Ansuz es la runa de la sabiduría. También es la runa de la escucha de las voces que le unen a lo divino. Además, representa ser consciente de los patrones de poder y sincronización que le rodean. Si necesita una mayor sabiduría o guía o solo necesita las palabras correctas para decirlo, invoque a Ansuz.

Raido

A caballo y sobre ruedas para viajar lejos

Hasta el final del viaje una estrella perseguida

Duro el camino y doloroso el asiento

Hasta el final del viaje y hasta la carne del hogar

Esta runa representa los viajes y los momentos en los que el viaje conlleva trabajo duro, soledad e incertidumbre de cuándo terminará. Al igual que la mayoría de los viajes, parecen fáciles cuando se planifican. Después descubrirá que el camino que tiene por delante está lleno de obstáculos y retrasos inevitables que le harán querer volver atrás o superarlos y crecer.

A veces, el viaje consiste en viajar y no en el destino. Los obstáculos que bloquean su camino también servirán como retos que solo le harán más fuerte, pero solo si no se rinde.

Kenaz

Corazón y santuario, fuego que forja

Ilumina el camino y el corazón inspira

Antorcha de llama que sostenemos en alto

Guarda el salón y quema la mentira

El fuego simboliza la dedicación y la transformación. También representa la necesidad de emplear la verdad, aunque ello suponga un coste personal. El mismo fuego también puede darle fuerza y poder. Puede proporcionar enfoque y orientación. Es como un fuego fuerte que puede templar y fortalecer una espada.

Gebo

Los amantes se besan y se entregan la mano

Los hombres del Señor gritan y se comprometen con el grupo

El regalo se devuelve y tres veces

En el deber y el precio del honor

El que regala muestra al que recibe su agradecimiento. A cambio, el receptor está en deuda con el dador, lo que se conoce como agradecimiento. El gebo es el compromiso entre personas. Se trata de la confianza, la lealtad y de hacer lo correcto con los demás. Se trata de depositar su confianza en otras personas y esperar que ellas hagan lo mismo por usted.

Sin embargo, no significa que el receptor sea técnicamente el esclavo del que regala. Debe haber un respeto mutuo entre ambas partes. El receptor debe favorecer al dador por la bondad de su corazón.

Wunjo

Cosecha y ganado alimentado

La mesa llena y las bendiciones dichas

Que la paz y la alegría de la vida sean nuestras

Con días llenos de tranquilidad y horas doradas

Esto simboliza la frase, cuente sus bendiciones. Debe centrarse en las cosas buenas que ya tiene. Son regalos que necesita disfrutar sabiamente. Agradezca las bendiciones que tiene y no se preocupe por lo que no tiene.

¿Por qué llenar su mente con pensamientos negativos cuando puede pensar en todas las bendiciones que ha recibido hasta ahora? Puede que incluso se dé cuenta de que está en un lugar mejor en la vida de lo que pensaba al principio.

Hagalaz

El granizo nacido de la tormenta como semilla del cielo

Nos trae dolor y necesidad extrema

Pero el maíz helado se derrite con la luz solar

Y riega los cultivos para evitar la plaga

Hagalaz puede leerse como una advertencia, pero también puede servir para tranquilizar. Las tormentas de granizo tienden a ser destructivas, pero afortunadamente también son bastante cortas. Y después, el granizo se derrite y se convierte en agua, que nutre la tierra. Si ciertas circunstancias interrumpen sus planes, a menudo traen consigo un germen capaz de generar más beneficios. Más que nada, es una lección que le enseñará a ser más paciente y a aceptar.

Nauthiz

Este deseo constriñe y ata la voluntad

Pero nos impulsa a seguir conquistando

Deja que el fuego de la necesidad arda cuando caiga la oscuridad

Y que el verano busque cuando el invierno llame

Nauthiz simboliza el miedo a lo desconocido o lo que haría si se encontrara en un lugar en el que se sintiera atrapado y nada pareciera salirle bien. Esta runa enseña el valor ante la adversidad y la creatividad bajo presión para que siga buscando soluciones en lugar de rendirse.

Isa

Azul su belleza y allana el camino

Pero ten cuidado, no sea que el paso le traicione

Como el hielo de Niflheim se encuentra con el fuego de Muspel

En Ginnungagap contempla la torre de Midgard

La runa Isa dice que hay que avanzar y tener cuidado, pero no hay que tener miedo. También da la promesa de que todavía hay días buenos por delante. El invierno puede ser frío y duro, pero no dura para siempre, y no es todo oscuridad. Si tiene cuidado y sabe lo que hace, la nieve y el hielo tienen una belleza especial.

Es como patinar en un lago helado. Si se tiene cuidado y se toman las precauciones necesarias, se pasará un rato fantástico. Sin embargo, si solo se lanza al medio sin tener cuidado, puede que solo rompa el hielo y se lastime seriamente.

Jera

Las estaciones cambian, y los atardeceres les siguen

Como las semillas sembradas se cosechan al día siguiente

Así se busca la cosecha al final del verano

Y prepara el alma para el invierno

Jera es la runa de un cierto tipo de sabiduría. Es la sabiduría de envejecer, dejar ir algunos de sus sueños inalcanzables y abrazar lo que sucederá. Jera enseña a las personas que no deben luchar contra su destino. Lo que deben hacer, en cambio, es seguir la corriente.

Jera le enseña a no luchar contra la corriente de la vida. Lo mejor es que se relaje y se deje llevar por la corriente. Así llegará más rápido a su destino y no se agotará tanto como lo haría si luchara contra la corriente.

Eihwaz

Arco de tejo tensado para proteger el hogar

El árbol del mundo se extiende por un camino de nueve lados

Desde la punta mística donde mora el águila

Hasta las raíces de la serpiente y los pozos de Yggdrasil

Como el tejo siempre ha sido el árbol elegido para los cementerios y también es venenoso, siempre se ha asociado con la muerte. Sin embargo, ese mismo veneno es utilizado por los chamanes para ayudarse cuando quieren viajar a otros mundos. A menudo los lleva a respuestas a las que no tendrían acceso de otro modo.

No es aconsejable que utilice el tejo venenoso para acercarse a los dioses, ya que es posible que no pueda regresar. Solo debe invocar a Eihwaz y dejar que le guíe hacia la iluminación.

Pertho

Del pozo oscuro de Urd se hila Orlog

Nuestro pasado es el camino en el que nos hemos convertido

Pero el vientre de la vida aún tiene opciones

Hasta que nuestra perdición y nuestro destino estén fijados

Pertho es la runa del misterio, lo que significa que no puede estar totalmente seguro de lo que representa. Es la runa del juego, por lo que la respuesta que obtendrás será incierta. El cosmos no ha decidido su destino, así que todavía está a tiempo de cambiarlo como quiera.

Si le gusta apostar (no hay que juzgar, a los antiguos nórdicos también les gustaba apostar), puede buscar la ayuda de Pertho para que guíe su mano.

Algiz

Las manos se levantan a los dioses para alabar

Bendiciones dadas para guiar nuestros caminos

Protegidos estén en los antiguos caminos

Mantener las tierras natales enteras, y seguros nuestros hogares

Esta es una runa que puede ayudarle a buscar la intervención divina. Sin embargo, debe respetar la mano que se le ha repartido y seguir el camino que se le ha abierto si lo ha pedido. También es necesario invocar esta runa si desea protección para usted y para su hogar y familia.

Sowilo

Victoriosa brilla la rueda del escudo del cielo

Por navegantes vigilados para guiar su quilla

Derrama rayos curativos y eleva nuestras almas

Da coraje fuerte para ganar nuestras metas

Sowilo, como runa, es la que le desafía, llamándole a ser valiente y tan virtuoso como pueda. Aunque Sowilo es la runa de la victoria, necesita participar activamente en la batalla si desea ser parte de la victoria final. Si siente que nada de lo que hace marca la diferencia en su vida, implore la ayuda de Sowilo para que le dé iluminación y orientación sobre lo que debe hacer.

Tir

La mano derecha por la demanda de Fenrir

Honor probado a la orden del lobo

Tir nos defiende cuando todo está perdido

Y nos enseña a dar el costo del beneficio

Tir es un recordatorio constante de que incluso los dioses a veces tendrán que hacer lo correcto para proteger a los demás, incluso si eso significa que tienen que sacrificar algo a cambio. Tir no es solo la justicia para uno mismo. También significa actuar con justicia hacia otras personas. Es hacer lo correcto incluso si no es recompensado e incluso si significa que se pierde algo.

Berkana

Diosa madre del abedul que hace nacer la esperanza

Muéstranos nuestro lugar y todo el valor de la naturaleza

Misterio envuelto y maestro de la vida

Guardiana de las puertas y esposa del padre de todo

Berkana es la runa de los ciclos de la vida y la runa del aspecto femenino y nutritivo. Le ayudará a mostrar su lugar en el orden natural de las cosas. Siempre que se sienta perdido y no sepa cuál es su lugar, Berkana puede ayudarle.

Ehwaz

El jinete y el montado se convierten en uno a partir de los dos

Ambos llamados a trabajar juntos en algo nuevo

No están atados a la tierra, sino que vuelan; el espíritu queda libre

Así que Odín monta a Sleipnir a lo largo del árbol del mundo

El jinete confía en su corcel para que lo lleve al peligro y no lo baje de su lomo, y el corcel confía en su jinete para que lo proteja en caso de necesidad. La runa Ehwaz es para las asociaciones estrechas. Hace uso de dos energías combinadas para lograr algo más grande que la suma de sus partes. Ehwaz trata del equilibrio. Se trata de que sus habilidades y capacidades tengan prioridad sobre su orgullo y egoísmo.

Mannaz

Para pedir y embellecer, para hacer a los humanos completos

Ve, Vili, Odín, con sangre, sentido y alma dotados

Atados a la tierra, pero llenos del otro

Estamos unidos en el vínculo de la vida, hermana y hermano

La runa Mannaz trata del ser humano y de cómo utiliza sus dones y los honra en todo lo que hace. También sirve como recordatorio de que cuando morimos, los dioses pueden quitarnos nuestros dones. Representa un reto para los objetivos que se establecen. Mannaz también invita a que se sienta orgulloso de su herencia como ser nacido de los dioses.

Laguz

Como el puerro crece de la tierra, verde brillante para contemplar

La sabiduría y el conocimiento en su interior se desplegarán

El agua, el otro mundo, el espíritu y la muerte

Una puerta que atravesar, más allá del aliento humano

Laguz es la runa del agua y de todo lo relacionado con ella. Puede tratarse de un viaje sobre una gran masa de agua, de inundaciones, etc. También tiene que ver con las emociones, la vida interior, la mente y el alma. Implica hablar de su salud mental.

Laguz también le reta a contemplar la muerte y a la muerte de los que le rodean, y no solo el cuerpo mortal. Se trata de pensar en lo que le ocurre al alma cuando el cuerpo mortal perece.

Ingwaz

La semilla sembrada se enraíza y se nutre para nacer

Nueva vida más allá de la simple vista a salvo en lo profundo de la tierra

La alegría se encuentra en la unión, compartiendo nuestro placer

Cosechar y arar, cada uno en su justa medida

La runa Ingwaz le invita a vivir su vida como desee y a apoyar a los demás en la suya. Esta runa también celebra el potencial inherente a su vida y a la de los demás. Usted es su propia identidad. No necesita buscar la validación de los demás. Puede vivir su vida como quiera y tratar a los demás con el mismo respeto que esperaría de ellos.

Dagaz

A la luz del día desde la oscuridad, los círculos vuelven

Mirando lo oculto, la sabiduría que aprendemos

Actúa ahora y con seguridad, confiando en su corazón

Vuela fiel la flecha, recta desde el principio

El símbolo de Dagaz tiene dos mitades, que pueden interpretarse como noche y día. También puede invocar esta runa si necesita concentración adicional y la capacidad de concentrarse totalmente y no distraerse fácilmente por el miedo.

Este poema habla de la transición de la noche al día, cuando los objetos antes envueltos en sombras vuelven a ser visibles.

Othala

El mayor de los tesoros, más precioso que el oro

El regalo a los jóvenes, transmitido por los viejos

Como cuidamos las raíces, así florecerá la punta del árbol

Y dulce para el alma, el fruto de la enramada

La runa Othala le insta a no olvidar nunca sus raíces y su origen. Además, nunca debería olvidar todas las luchas que usted y su familia tuvieron que pasar para poder estar en la posición en la que se encuentra ahora. Othala le reta a dejar de lado su egoísmo y a considerar siempre las necesidades de la comunidad en general antes que las suyas.

Estos poemas son algo más que simples herramientas mnemotécnicas. Todos cuentan una historia sobre las runas y su mensaje. Hará bien en memorizar estos versos y recitarlos siempre que haga sus lecturas. Sentirá que está más cerca de lo divino. Además de eso, sus lecturas pueden incluso llegar a ser más concisas y precisas que antes.

Conclusión

Ahora que ha llegado al final de este libro, ya conoce todos los conceptos básicos necesarios para realizar sus propias lecturas de runas. Este conocimiento debería ser suficiente para que desarrolle la capacidad de consultar las runas por sí mismo cada vez que necesite alguna intervención divina o si cree que necesita consejo sobre cualquier aspecto de su vida.

Aunque los antiguos nórdicos ya no están con nosotros en este mundo, sus artes místicas siguen presentes en estos tiempos modernos. El arte de la lectura de runas sigue vivo hasta nuestros días. Algunos incluso dirían que está de moda. De hecho, no le resultará difícil localizar a otras personas afines que compartan el mismo interés por las runas que usted.

Vea más libros escritos por Mari Silva

MARI SILVA

PERSONA ALTAMENTE SENSIBLE

El Poder Oculto de una Persona que
Siente las Cosas con Mayor Profundidad y lo
que una PAS Puede Hacer para Prosperar

Referencias

Aettir, las tres divisiones de las runas- Aett. (n.d.). Tirage-Rune-Magie.net.

Aettir-Las tres divisiones de las runas y su uso en la magia rúnica. (n.d.). Www.Sunnyway.com. Extraído de: http://www.sunnyway.com/runes/aettir.html

Elección de un conjunto de runas: Una guía para principiantes. (n.d.). Grove and Grotto. Extraído de:

https://www.groveandgrotto.com/blogs/articles/choosing-a-rune-set

Aett de Freyr (Archivo) - Runas antiguas. (n.d.). Sites.Google.com. Extraído de:

https://sites.google.com/site/mhancientrunes/textbook/section-1

HEIMDALL'S ÆTT - Marc Pugliese. (n.d.). Sites.Google.com. Extraído de:

https://sites.google.com/site/marcapugliese/chapter-6/heimdall-s-aett-1

https://www.facebook.com/dattatreya.mandal?fref=ts. (2018, July 27). 12 Major Norse Gods And Goddesses You Should Know About. Realm of History.

https://www.realmofhistory.com/2018/01/29/12-norse-gods-goddesses-facts/

Instrucciones. (2009, 11 de diciembre). Cómo leer las runas. Manual de instrucciones;

Instrumentos.

https://www.instructables.com/id/How-To-Read-Runes/

Religión nórdica. (2015, 3 de julio). Religión nórdica. ReligionFacts. https://religionfacts.com/norse-religion

Scribes, J. S. (n.d.). RUNAS - Cuidado, limpieza, potenciación y almacenamiento. HubPages.

Extraído de:

https://discover.hubpages.com/religion-philosophy/RUNES-Care-Cleansing-Empowering-and-Storage

El portal de las runas | Antiguamente la página de las runas de Ankou. (n.d.).

Www.Therunesite.com. http://www.therunesite.com/

TYR'S ÆTT - Wyrd de Guido. (n.d.). Sites.Google.com. Retrieved from https://sites.google.com/site/themindofguido/chapter-6/tyr-s-aett-1

Variedad de tiradas de runas - Libro Celta de las Sombras. (n.d.). Celticbookofshadows.Wikidot.com. Extraído de:

http://celticbookofshadows.wikidot.com/variety-of-rune-spreads

Su guía para la adivinación rúnica. (2015, 7 de octubre). Adivinación rúnica. https://runedivination.com/your-guide-to-rune-divination/

www.ingramcontent.com/pod-product-compliance
Lightning Source LLC
Chambersburg PA
CBHW071859090426
42811CB00004B/677